Von der Steinzeit ins Internet

Von der Steinzeit ins Internet

Lutz Jäncke

Lutz Jäncke

Von der Steinzeit ins Internet

Der analoge Mensch in der digitalen Welt

hogrefe

Prof. Dr. Lutz Jäncke
Universität Zürich
Psychologisches Institut
Lehrstuhl für Neuropsychologie
Binzmühlestrasse 14/25
8050 Zürich
Schweiz
E-Mail: l.jaencke@psychologie.uzh.ch

Bibliografische Information der Deutschen Nationalbibliothek
Die Deutsche Nationalbibliothek verzeichnet diese Publikation in der Deutschen Nationalbibliografie; detaillierte bibliografische Daten sind im Internet über http://www.dnb.de abrufbar.

Anregungen und Zuschriften bitte an:
Hogrefe AG
Lektorat Psychologie
Länggass-Strasse 76
3012 Bern
Schweiz
Tel. +41 31 300 45 00
info@hogrefe.ch
www.hogrefe.ch

Lektorat: Dr. Susanne Lauri
Bearbeitung: Mihrican Özdem, Landau
Herstellung: René Tschirren
Umschlagabbildung: Getty Images/melitas
Umschlaggestaltung: Claude Borer, Riehen
Satz: Claudia Wild, Konstanz
Druck und buchbinderische Verarbeitung: AZ Druck und Datentechnik GmbH, Kempten
Printed in Germany

1. Auflage 2021

(E-Book-ISBN_PDF 978-3-456-96150-7)
(E-Book-ISBN_EPUB 978-3-456-76150-3)
ISBN 978-3-456-86150-0
http://doi.org/10.1024/86150-000

Inhaltsverzeichnis

Vorwort 7

Einleitung 11
Der Relax-Sessel 11
Eine kurze Leseanleitung für dieses Buch 13

1 Die wunderbare Welt des Internets 17

2 Homo sapiens = Homo digitalis? 21

3 Der Homo sapiens in der digitalen Welt 35

4 Der Mensch als Gewohnheitstier 43

5 Die Last mit der Lust 49

6 Impulskontrolle 59

7 Erregung – Langeweile 67

8 Empathie – Sozialverhalten 79

9 Sind wir Multitasker? 93
9.1 Kein Unterschied zwischen Frauen und Männern 93
9.2 Das Problem Multitasking 95
9.3 Multimedia-Nutzung bei Stanford-Studenten 97
9.4 Eine Erklärung 99

10 Informationen – News – Nachrichten – Bots 105

11 Schöne neue Welt 117

12 Die Zukunft und unser biologisches Erbe 129

13 Wege aus dem digitalen Dilemma 137

14 Tipps zum Umgang mit der digitalen Welt 143

15 Die ferne Zukunft 151

16 Epilog: Die Corona-Pandemie – was lernen wir daraus? . . 157

Sachwortverzeichnis 161

Vorwort

Verändert die moderne digitale Technik unser Sozialverhalten und die Art und Weise, wie wir uns selbst sehen? Wie werden wir mit der zunehmenden Informationsflut fertig, die sich über uns ergießt? Hat diese Flut einen Einfluss auf unsere Arbeit und unser privates Leben? Alle diese Fragen beschäftigen aktuell Medienschaffende, Psychologen und auch Neurowissenschaftler.

Auch dieses Buch widmet sich diesen Fragen. Die Grundlage sind eigene Forschungen und wissenschaftliche Erkenntnisse aus der Neurowissenschaft, der Verhaltensbiologie und Psychologie. Diese Erkenntnisse nutze ich, um den Menschen als ein Wesen zu verstehen, das sich auf der Basis seiner biologischen Ursprünge zum modernen Menschen entwickelt hat.

Dabei ist mir wichtig, herauszuarbeiten, dass sich der Mensch im Zuge der Evolution zu einem Sozialwesen entwickelt hat, für das die Kommunikation mit den Gruppenmitgliedern von herausragender Bedeutung ist. Für diesen Nachrichtenaustausch haben sich neben der Sprache spezielle nonverbale Fertigkeiten etabliert, mit denen wir Gefühle und Verhaltensabsichten unseren Sozialpartnern mitteilen. In diesem Kontext bildeten sich die Mimik und Gestik als wichtige Kommunikationskanäle aus. Der Informationsaustausch war von Beginn des Menschseins vor allem auf direkten physischen Kontakt ausgerichtet. Nur durch den Sichtkontakt gelingt es uns, alle Informationskanäle mehr oder weniger gleichzeitig zu übermitteln. Die Übereinstimmung oder auch das Nichtübereinstimmen dieser Mitteilungsebenen bieten wichtige Informationen für den Empfänger.

Mit den modernen digitalen Techniken entkoppeln sich zunehmend diese Kanäle und wir präsentieren uns immer häufiger unimodal, also nur sprachlich oder nur mittels der Mimik oder eben nur per Gestik. Damit werden unsere Botschaften unvollständig und immer häufiger missverständlich.

Nicht nur unsere Kommunikation leidet trotz aller technischen Fortschritte in der digitalen Technik, sondern auch unser gesamtes Sozialverhalten. Wir werden im wahrsten Sinne des Wortes von Informationen überflutet, deren wir gar nicht mehr Herr werden. Dadurch wird unser Mitgefühl, aber auch die Sicht über uns selbst in Mitleidenschaft gezogen. Manchmal kann man sich des Eindrucks nicht erwehren, dass sich immer mehr Menschen wie Avatare, also digitale Wesen verhalten. Sie präsentieren sich auf Instagram oder sonstigen Kanälen, indem sie sich verfälscht, also unnatürlich präsentieren. So als ob sie hinter einer virtuellen Maske im virtuellen Raum agieren würden. Auch die Menge und ständige Verfügbarkeit interessanter und aufmerksamkeitsraubender Nachrichten und Informationen überlastet unser Gehirn. Es ist schlichtweg nicht geschaffen, um sich in der Internetwelt wie ein Multitasker zu entfalten.

Sicherlich besteht kein Zweifel daran, dass wir lernfähige Wesen sind und uns an viele Lebensumstände anpassen können. Aber die Frage, die sich stellt, ist: Wie weit geht die Anpassung in der modernen Internetwelt? Können wir uns an alle Veränderungen anpassen oder sind wir bereits jetzt überfordert? Wie wird sich die Zukunft entwickeln? Werden wir die explosionsartige Ausbreitung der digitalen Welt so meistern, dass wir mehr Vorteile gewinnen als Nachteile erleiden? In diesem Buch werde ich aus der Sicht eines Neurowissenschaftlers versuchen, meine Gedanken zu diesen Themen zu formulieren. Mir ist es wichtig, festzuhalten, dass ich mich nicht als Zukunftspessimist sehe. Ich bin selbst von der modernen digitalen Technik fasziniert und arbeite täglich mit ihr. Dennoch sehe ich auch Nachteile, die jetzt schon vorhanden sind, die sich wahrscheinlich in der Zukunft zu schwer überwindbaren Gebirgen auftürmen könnten. Aber es bieten sich auch Lösungsmöglichkeiten an, mit denen wir diese moderne (in vielen Teilen auch faszinierende) Welt meistern können. Ich hoffe, dass zumindest einige Leser meine Gedankengänge nachvollziehen können. Vielleicht gelingt es mir ja, Anstöße für den veränderten, möglicherweise optimalen Umgang mit der faszinierenden digitalen Welt zu bieten.

Dieses Buch ist zwar als Sachbuch geschrieben und ich habe mit wissenschaftlichen und nicht wissenschaftlichen Quellen gearbeitet. Um die

Lesbarkeit zu erhalten, habe ich nur Quellen zitiert, die mir wesentlich oder prägnant erscheinen. Nichtsdestotrotz hoffe ich, dass auch ein wenig Spaß beim Lesen dieses Buches entsteht. Denn Freude und Neugier sind eng miteinander verzahnt und sind die besten Motoren, um in unserem Gehirn Veränderungen zu bewirken.

Zürich, im November 2020

Einleitung

Der Relax-Sessel

Malcom nahm noch schnell einen Schluck aus der Plastikflasche, die an seinem Sessel in einer speziellen Halterung elegant eingefügt war. Der Saft war kalt und leicht süßlich und erfrischte herrlich. Er wusste zwar nicht, woher der Saft kam, aber er vertraute der Lieferfirma, die täglich über ein Pumpsystem das Reservoir an Getränken auffüllte. Die Kosten dafür wurden wöchentlich von seinem Konto abgebucht. Er brauchte sich darum nicht zu kümmern, denn er hatte einen Dauerauftrag bequem über sein virtuelles Steuersystem eingerichtet. Auch die Nahrungsmittel ließ er sich von dem Lebensmittelhändler über das ausgeklügelte Pumpsystem liefern. Die Speisen waren ebenfalls flüssig oder zumindest breiig, sodass er sie elegant über Röhrchen zu sich nehmen konnte, ohne aufstehen zu müssen. Das war ziemlich bequem und ersparte ihm das Kauen. Viel wichtiger aber war es ihm, dass er bequem in seinem Relax-Sessel sitzen bleiben und sich mit seiner digitalen Welt auseinandersetzen konnte.

Schnell scannte er einige Nachrichten von Online-Diensten, indem er vor allem die Überschriften las. Die Nachrichten wählte er irgendwie nach Zufall aus, glaubte er zumindest. Eigentlich las er nur das, was seine Aufmerksamkeit erhaschte. Politik war meistens weniger interessant, außer wenn es um Kriege, Hinrichtungen, Tumulte, Terrorangriffe oder religiöse Probleme ging. Auch Informationen aus seiner Nachbarschaft fanden gelegentlich den Weg in sein Bewusstsein. Ganz besonders interessierten ihn aber die netten Geschichten von Sternchen, Stars und anderen Berühmtheiten, die er auf den Online-Seiten der Boulevardblätter lesen konnte. Es war doch immer wieder köstlich zu erfahren, in wen sich diese Leute alles verliebten, von wem sie sich trennten und was sie sonst noch anstellten. Gelegentlich machte er noch einen Abstecher auf seine Lieblingspornoseite, die es ihm ermöglichte, mittels neuester virtueller Realitätstechnik lebensechte Empfindungen zu haben.

Die meiste Zeit aber lebte er in Kaukasia, einer virtuellen Welt, in der er alles sein konnte: Held, Opfer oder einfach nur Zuschauer. Es war unglaublich verlockend, in einer Welt zu leben, ohne sich im wahrsten Sinne des Wortes dreckig zu machen, nicht zu erkranken, wunderbare Landschaften zu erleben und interessanten Menschen zu begegnen. Viel wichtiger war für ihn aber, dass er in dieser Welt ein bedeutender und bemerkenswerter Mensch war. Er konnte seine Kleider wählen und der jeweiligen Lebenssituation anpassen, seine Frisur ändern und sich besondere Fähigkeiten durch wenige Kommandos an sein Programm gönnen. Dazu musste er nicht viel machen. Er musste sich nicht bewegen und auch nicht sprechen, er dachte nur daran. Seine virtuelle Welt war mit seinem Gehirn verbunden und er konnte mit seinen Gedanken sein Leben in der virtuellen Welt recht einfach steuern. Es war alles so bequem und wunderbar, sodass er nicht merkte, wenn er seine Notdurft verrichtete, für deren Verarbeitung Relax – der Wunderstuhl, in dem er saß – sorgte. Relax beaufsichtigte auch gelegentliche Schwankungen des Blutdrucks, Zuckerhaushalts und andere Stoffwechselschwankungen und griff automatisch in Form von Medikationen ein, die er über das Pumpsystem mit der Nahrung verabreichte.

So saß Malcom tagaus, tagein in seinem Relax-Stuhl und lebte in seiner virtuellen Welt, bewegte sich nicht, aß Brei, trank undefinierbaren Saft und vergaß zunehmend, dass er eigentlich ein Mensch war, der gehen und mit anderen Menschen sprechen konnte und für sein Leben selbst verantwortlich war. Trotz aller medizinischen Versorgung war Malcom ein bleiches Wesen mit einer schlabbrigen Haut, die sich wie durchsichtiges Pergamentpapier um seine Knochen gewickelt hatte. Er konnte nicht einmal ohne Hilfe aufstehen, geschweige denn stehen. Aber das wollte er auch gar nicht. Er hatte ja keinen Körper, zumindest merkte er das nicht. Er verspürte eigentlich nur Bedürfnisse und vor allem den Wunsch, in der virtuellen Welt etwas zu erleben, ohne sich schmutzig zu machen, zu erkranken, sich zu verletzen oder zu leiden. Ihm waren auch die anderen Wesen in seiner virtuellen Welt eigentlich egal. Sie waren ja austauschbar, eben virtuell und nicht real. Warum sollte er sich um diese Wesen sorgen und Anteil an ihrem virtuellen Leben nehmen? Sie waren doch ersetzbar. Oder war jedes dieser Wesen auch mit dem Gehirn eines anderen Menschen verbunden? Aber diese Frage kam ihm eigentlich nicht in den Sinn, denn er wusste ja gar nicht mehr, ob er ein Mensch war. Er war schließlich ein austauschbares Wesen in einer faszinierenden virtuellen Welt.

Sieht so die Zukunft des Menschen aus? Einige Leser werden sicherlich verwundert sein und diese Darstellung als merkwürdig oder zu konstruiert auffassen. Mag sein, aber solche Szenarien sind bereits in verschiedenen Varianten in der Literatur und im modernen Film beschrieben und dargestellt worden. Offenbar beschäftigt man sich mit solchen Zukunftsideen mit einer gewissen Sorge oder gar mit Amüsement. Scheinbar haben sie ihren festen Platz in unserer Vorstellungswelt. Wie auch immer, der Mensch ist für solche Lebensformen anfällig, denn er ist in hohem Maße bequem. Das Internet und die moderne digitale Technik entwickeln sich rasant schnell und bieten dem Menschen immer mehr Möglichkeiten, sich zu entfalten, zu unterhalten, aber auch Unsinn zu machen. Haben wir die Kraft, uns der Verlockungen des Internets zu erwehren? Ich fürchte, wir werden in nicht allzu ferner Zukunft solche oder ähnliche Lebensumstände erleben. Ansatzweise findet man bereits heute solche Lebensweisen, natürlich nicht mit den technischen Finessen, die oben angedeutet wurden. Aber wo liegen denn die Gefahren verborgen, die uns in ein solches Szenario hineinziehen könnten? Kann man sich davor schützen? Ist es überhaupt sinnvoll, sich davor zu schützen? Oder sind wir Menschen als biologische Wesen für ganz andere Welten konstruiert worden, sodass wir wie ein hilflos auf dem Rücken liegender Käfer den Verlockungen des Internets und der digitalen Welt ausgesetzt sind? Welche Konsequenzen hat dies für unser soziales Leben, die Ausbildung, unsere Gesundheit und vieles mehr? Davon erzählt dieses Buch in den folgenden Kapiteln. Aber so viel vorweg: Der Mensch ist ein biologisches Wesen, das eigentlich für ganz andere Lebensumwelten geschaffen wurde. Das Internet und die digitale Welt ist eine Herausforderung für unser biologisches Verhaltensinventar. Vielleicht ist diese Herausforderung gar die ultimative Herausforderung für das Überleben des Menschen.

Eine kurze Leseanleitung für dieses Buch

Zunächst wollen wir uns die moderne Internetwelt mit ihren technischen Errungenschaften vergegenwärtigen (Kap. 1). Was hat sich verändert und welche digitalen Möglichkeiten eröffnen sich für den modernen Menschen? Dann werden wir in die Biologie des Menschen eintauchen und seine evolutionären Wurzeln genüsslich auf der Zunge zergehen lassen (Kap. 2), um uns anschließend die Frage zu stellen, ob das biologische Wesen Mensch in der digitalen Welt überhaupt Platz finden kann (Kap. 3). Wir werden lernen, dass der moderne Mensch von der technischen Entwicklung und den damit zusammenhängenden Konsequenzen überrollt wird und er eigentlich gar nicht für diese Welt biologisch vorbereitet wurde. In den darauffolgenden Kapiteln 4 bis 9 greife ich einige wichtige psychische Funktionen heraus, die für unsere Verhaltenskontrolle von herausragender Bedeutung sind. Aber genau diese wichtigen Verhaltenselemente erzwingen bei uns Menschen bestimmte Verhaltensmuster, die durch das Internet und die digitalen Medien herausgefordert werden. Ich vermute sogar, dass diese Verhaltensmuster derart tief in uns verankert sind, dass sie zwar unser Leben über mehr als 70.000 Jahre erfolgreich gesteuert haben, aber in der modernen Welt an ihre Grenzen stoßen, ja sogar zum Problem werden. Das ist ungefähr so wie bei den Indianern in Nordamerika, als sie erstmalig durch die weißen Siedler mit Alkohol in Kontakt kamen.[1] Oder wie bei den indigenen Völkern in Südamerika, für die Erkältungsviren, Grippe, Pocken oder Masern eine tödliche Gefahr darstellen, da sie aufgrund ihrer langen Isolation keinerlei Abwehrkräfte besitzen. Wir verfügen zwar über Abwehrkräfte, aber wir müssen sie identifizieren, akzeptieren, umsetzen und vor allem perfektionieren. Darauf werde ich dann vor allem in Kapitel 13 eingehen. Kapitel 10 wird sich mit den Problemen beschäftigen, die sich für uns im Zusammenhang mit dem Umgang der vielen Informationen ergeben. Meinungsbeeinflussung, Verlust der Individualität und neue Formen der sozialen Angliederung (z.B.

---

1 Oft wird behauptet, dass die Ureinwohner Alkohol genetisch bedingt nicht vertrügen. Kritiker sehen diesen „Feuerwasser-Mythos“ als rassistischen Versuch, das Verhalten der Kolonialisten zu entschuldigen. Untersuchungen haben jedoch bewiesen, dass manche Ureinwohner – ebenso wie Ostasiaten, Aborigines sowie Frauen – geringere Mengen eines für den Alkoholabbau wichtigen Enzyms aufweisen und somit bei ihnen das Gefühl der Trunkenheit länger anhält. Studien haben auch gezeigt, dass die Wahrscheinlichkeit einer Alkoholsucht höher ist, wenn bereits die Eltern abhängig waren. Zudem ist eine Sucht umso wahrscheinlicher, je jünger jemand beim ersten Rausch ist. Erschwerend kommt im Fall der Ureinwohner das geschichtliche Trauma hinzu: ein über Jahrhunderte erfahrenes Unrecht, das den Verlust der eigenen Identität nach sich zieht. Es ist eine bittere Ironie der Geschichte, dass ausgerechnet Alkohol noch heute vielen dabei hilft, den Schmerz darüber zu betäuben.

Flashmobs) werden Themen sein, die hier zur Sprache kommen. Kapitel 11 ist quasi ein Fenster in die Zukunft, das meines Erachtens bereits weit geöffnet ist. Wir können nicht nur erahnen, was uns die moderne digitale Welt so alles bescheren wird, wir können es sogar recht deutlich erkennen. Unsere Welt wird sich noch mehr ändern, als wir es heutzutage vermuten. Im darauffolgenden Kapitel 12 beschäftigen wir uns etwas ausführlicher damit, wie unser biologisches Erbe, das uns zu einem „erfolgreichen" Wesen gemacht hat, mit diesen modernen digitalen Herausforderungen umgehen wird bzw. muss. So düster die Zukunft auch bislang gezeichnet wurde, so interessant könnten aber die Wege aus dieser Falle werden. Solche Wege aus der digitalen Falle werden in Kapitel 13 beschrieben. Kapitel 14 ist eher ein praktisches Kapitel, in dem Tipps zum Umgang mit den modernen Medien und der digitalen Welt formuliert werden. Wie wird die Zukunft aussehen? Wir wissen es nicht, aber wir können Vermutungen darüber anstellen, wie sie aussehen könnte. Natürlich sind solche Zukunftsvisionen immer von dem aktuellen Blickwinkel abhängig, aber wir werden in Kapitel 15 wagen, uns diese anzusehen. Das Abschlusskapitel 16, als Epilog formuliert, ist von den Corona-Ereignissen motiviert. Sie haben uns wieder vor Augen geführt, dass wir bei aller Intelligenz durch mächtige Verhaltensantriebe gesteuert werden, deren wir nur schwer Herr werden können.

So viel zum Ausblick. Begeben wir uns nun auf die Reise in die Welt des Internets und der biologischen Mechanismen, die unser Leben ausmachen.

1 Die wunderbare Welt des Internets

*Einst lebten wir auf dem Land, dann in Städten und von jetzt an im Netz. (Mark Zuckerberg, *1984)**

Das Internet und die moderne Computertechnik haben die Welt nachhaltig verändert. In der gesamten Menschheitsgeschichte hat noch nie eine solch technische und kulturelle Revolution in so kurzer Zeit und innerhalb einer Generation stattgefunden wie in den letzten 10 bis 15 Jahren. Gemäß dem *Global Digital Report*[1] aus dem Jahr 2020 nutzt mehr als die Hälfte der Weltbevölkerung das Internet (4,5 Milliarden Menschen) mit einer jährlichen Steigerung von 7 Prozent. Fast 4 Milliarden Menschen sind häufige Nutzer der sogenannten sozialen Medien[2]. Auch für dieses Medium werden starke jährliche Steigerungsraten von mehr als 13 Prozent berichtet. Wesentlichen Anteil daran haben vor allem die mobilen Geräte, die 2020 bereits von mehr als 5 Milliarden Menschen genutzt werden. In anderen Worten: Circa 59 Prozent aller Menschen bewegen sich derzeit im Internet und 49 Prozent sind Nutzer sozialer Medien. Fast 70 Prozent sind mittlerweile in Besitz von Mobilgeräten wie Smartphones oder Tablets. Die jährlichen Steigerungsraten lassen vermuten, dass diese Zahlen in den nächsten Jahren weiter nach oben katapultiert werden. Die Welt wird also immer digitaler und wir sind kleine Elemente eines riesigen, weltumspannenden Netzwerks.

Die moderne Computertechnik verändert nahezu alles. Sie hat unsere Art und Häufigkeit der Kommunikation gewandelt und in vielen Fällen sogar massiv verbessert. Wir sind heute in der Lage, mit Menschen in anderen Kontinenten in Sekundenschnelle interaktiv zu kommunizieren.

---

* Verfügbar unter https://gutezitate.com/zitat/199372

1 Zugriff am 5. September 2020 unter https://datareportal.com

2 Der englische Begriff „social media" für soziale Medien wird auch im Deutschen häufig verwendet.

Davon profitieren Wissenschaftler und Geschäftsleute, aber auch Privatpersonen. Ich kann mich noch recht genau an meine Zeit in Boston Anfang der 1990er-Jahre erinnern. Dort verbrachte ich einige Monate als Forschungsassistent am Beth Israel Hospital der Harvard Medical School. Telefonieren war damals sehr teuer, insbesondere Telefongespräche aus den USA nach Deutschland. Außerdem war auch nicht jedes Telefon für solche Interkontinentalgespräche geeignet. Deshalb haben meine Frau und ich uns einmal pro Tag zu einem gemeinsamen Gespräch verabredet und recht kurz alles Notwendige besprochen. Heutzutage sind solche interkontinentalen Gespräche ein Kinderspiel. Mit WhatsApp, E-Mail, Skype, Facetime, SMS oder Telefon kommuniziert man praktisch jederzeit und an jedem Ort mit Partnern auf der ganzen Welt. Mittlerweile finden sich überall Hotspots, sodass man sogar kostenlos oder zumindest günstig Nachrichten austauschen kann. Kurz gesagt, die weltweite Kommunikation ist heutzutage simpel, effizient und günstig.

Aber nicht nur der Informationsaustausch ist revolutioniert worden, sondern auch der Zugriff auf das Wissen der Menschheit. Wikipedia ist nur ein Beispiel. Anfangs noch als merkwürdige und unzuverlässige Informationsquelle verlacht, hat Wikipedia alle bekannten Lexika in Papierform verdrängt. Mittlerweile entwickelt sich Wikipedia zu einem universellen und zuverlässigen Lexikon, in dem die Informationen kontinuierlich angepasst, verbessert und ergänzt werden. Bemerkenswert ist auch, dass dies durch eine weltweit operierende Gemeinde von gemeinnützig tätigen Personen realisiert wird.[3]

Im Internet findet zudem jede Interessensausprägung ihren Platz. Viele Spezialinformationen finden ihren Weg in diverse Internetkanäle, die das Leben der Menschen bereichern. Man findet auf YouTube Kanäle, die im Fernsehen nie verwirklicht würden, da sich dafür zu wenige Personen interessieren. Individuell zugeschnittene Golfkurse, Tests über die Funktionsfähigkeit von Füllern, Lösungshilfen für Mathematikaufgaben oder Darstellungen verschiedenster historischer Ereignisse sind in großer

3 Aber auch Wikipedia ist nicht unproblematisch. Alles hängt davon ab, wer sich bemüßigt fühlt, dort Einträge zu tätigen oder Fehler zu korrigieren. Im Übrigen: Wer definiert, was Fehler sind? Früher war zwar nicht alles besser, aber man konnte sich zumindest auf anerkannte Koryphäen verlassen, die gewissermaßen als Nadelöhr oder Filter für relevante Informationen dienten. Heute kann jede beliebige Person Einträge auf Wikipedia hinzufügen, korrigieren oder löschen.

Zahl vorhanden. Ich habe hier nur einige wenige Beispiele aufgeführt, die andeuten, dass selbst Nischeninteressen befriedigt werden. Das sind durchaus positive Entwicklungen, die für die Menschheit von enormem Vorteil sind.

Die moderne digitale Technik bietet dem Menschen zudem viele bemerkenswerte Möglichkeiten, die noch vor einigen Jahren kaum vorstellbar waren. Blinde lassen sich Texte von ihren Computern vorlesen. Gehbehinderte haben die Gelegenheit, mit Menschen in aller Welt zu kommunizieren. Mittlerweile sind die digitalen Übersetzungsprogramme (z.B. DeepL oder der Google-Übersetzer) so leistungsfähig, dass selbst professionelle Übersetzer orakeln, dass ihr Beruf bald obsolet sein wird. Es geht sogar so weit, dass darüber diskutiert wird, ob es überhaupt noch sinnvoll ist, eine Fremdsprache zu lernen. Der Computer und die dazugehörigen Programme werden Übersetzungen ja bald besser und schneller als jeder Mensch bewerkstelligen. Virtuelle Museen und Ansichten interessanter geografischer Regionen könnten bald teure und beschwerliche Reisen an ferne Orte überflüssig machen.

Auch die Art und Weise, wie wir unsere Freizeit verbringen und uns entspannen, hat sich durch die moderne Technik erheblich verändert. Musik hören, Bücher und Zeitung lesen sind heutzutage ein Kinderspiel, denn im Internet findet sich jede Information. Ich kann mich noch daran erinnern, dass ich als Jugendlicher die öffentliche Bibliothek oft besuchte, um dort Bücher zu lesen. Gelegentlich war ich gezwungen, Bücher zu bestellen, und war froh, wenn sie nach einer Woche endlich geliefert wurden. Ein Buch, aber auch eine Schallplatte waren teilweise rare Objekte, die man hütete wie seinen Augapfel. Wir sammelten Bücher und Schallplatten wie Trophäen in der eigenen Bibliothek. Heute hingegen gibt es E-Books; in Deutschland haben sie mittlerweile einen Anteil an den verkauften Büchern von 6 Prozent mit steigender Tendenz. Besonders auffällig ist die Veränderung des Leseverhaltens bei Zeitungen. Man findet viele Nachrichten (irgendwo) im Internet, sodass der Kauf einer herkömmlichen Zeitung nicht mehr nötig ist, was sich in den dramatisch rückgängigen Verkaufszahlen gedruckter Zeitungen niederschlägt. Dafür ist man nun in der Lage, sich global zu informieren, und ist nicht mehr auf einige wenige Zeitungen angewiesen.[4]

4 Leider hat dies auch zu finanziellen Problemen bei den Zeitungsverlagen geführt. Journalisten sind teuer und viele Verlage sparen gerade bei diesem Berufskreis.

Ich könnte an dieser Stelle fortfahren, die Errungenschaften und Vorteile des Internets und der modernen Technik zu preisen. Es besteht überhaupt kein Zweifel, dass mit der Einführung des Internets und der digitalen Technik umfassende Umwälzungen in vielen Lebensbereichen stattgefunden haben. Mit dieser technischen Innovation ist ein Modernisierungsschub in vielen Wirtschaftsbereichen ausgelöst worden, der zur Entstehung neuer Wirtschaftszweige geführt hat. Zudem hat sich ein grundlegender Wandel im beruflichen und privaten Kommunikationsverhalten und der Mediennutzung ergeben, der mit vielen positiven Aspekten verbunden ist. Es sind aber auch unangenehme und vielleicht auch gefährliche Konsequenzen mit der modernen digitalen Technik verbunden.

Trotz aller Euphorie, die sich mit dieser technischen Revolution allerorten entfaltet, darf man nicht außer Acht lassen, dass letztlich der Mensch als biologisches Wesen der Akteur in dieser Wunderwelt des Internets ist. Dabei stellt sich die Frage, ob der Mensch überhaupt mit den psychischen Fertigkeiten ausgestattet ist, um in dieser digitalen Welt zu überleben. Wir sind und bleiben biologische Wesen, die sich im Kontext der Evolution entwickelt haben. Hierbei sind wir mit besonderen Fertigkeiten ausgestattet worden, die unser Überleben in einer Welt sichern sollten, die in dieser Form gar nicht mehr existiert. Die Welt wird immer virtueller und der Kontakt mit der Realität verwischt immer mehr. Ich bin im Zweifel, ob wir die moderne digitale Welt wirklich werden meistern können. Ich möchte mich hier nicht als Kulturpessimist bekennen, sondern meine Bedenken im Umgang mit der modernen digitalen Welt diskutieren. Vielleicht bieten sich ja einige Lösungen an, die uns helfen könnten, mit den Herausforderungen der digitalen Welt zurechtzukommen. Ich werde auf die möglichen Lösungen am Ende dieses Buches noch näher eingehen. Bevor ich diese Aspekte bespreche, erlaube ich mir aber, zurückzuschauen und den Menschen als biologisches Wesen im Netz der modernen digitalen Welt zu zeichnen.

2 Homo sapiens = Homo digitalis?

*Erzähle mir die Vergangenheit und ich werde die Zukunft erkennen. (Konfuzius, 551–479 v. Chr.)**

Mit einiger Sicherheit kann man davon ausgehen, dass sich die ersten menschenähnlichen Wesen (Hominiden) in Afrika entwickelt haben. Dieser Vormensch betrat die Welt vor circa 4 Millionen Jahren und verfügte über ein relativ kleines Gehirn. Die ersten Vormenschen waren Australopithecinen, kleine affenähnliche Wesen, die allerdings recht häufig aufrecht durch die Steppe liefen. Sie haben die Erde circa 2 Millionen Jahre bevölkert. Ihnen folgte der Homo habilis, der vielleicht nur 800.000 Jahre auf der Welt weilte, bevor er vom Homo erectus abgelöst wurde. Der Homo erectus lebte vor 1,8 Millionen bis vor 40.000 Jahren in Afrika und Asien. Vor 400.000 Jahren durchstreifte der Neandertaler die dichten Wälder Mitteleuropas, bevor er sich vor 40.000 Jahren nach Kleinasien zurückzog und dann ausstarb. Der moderne Mensch, also der Homo sapiens, tauchte vor circa 200.000 Jahren in der Weltgeschichte auf. Sein Gehirnvolumen ist im Vergleich zu seinen Vorfahren deutlich angewachsen und beträgt 1,2 bis 1,4 Liter.

Dieses Gehirn ist schon etwas Besonderes, denn es verfügt über nahezu 100 Milliarden Nervenzellen, wovon jede einzelne mindestens 10.000 synaptische Kontakte mit anderen Nervenzellen pflegt. Insofern ist dieses Hirn ein bemerkenswert großes Neuronennetzwerk. Interessant ist im Übrigen auch, dass dieses Gehirn absolut gesehen über mehr Neurone verfügt als jedes andere Tiergehirn. Selbst die Gehirne der Blauwale und Elefanten mit ihren 3- bis 5-mal so großen Gehirnen verfügen über weniger Neurone als das menschliche Gehirn. Man kann also mit Fug und Recht behaupten, dass sich das Gehirn des Menschen im Zuge

* Verfügbar unter https://www.aphorismen.de/zitat/4061

der Evolution über die Vorstufen des Vormenschen und Urmenschen kontinuierlich zu einem im Tierreich einzigartigen Gehirn entwickelt hat. Dieses fantastische Organ ist die Grundlage unseres Denkens, Handelns und Fühlens. Obwohl dieses Gehirn bemerkenswert ist und dem Menschen viele Handlungsmöglichkeiten eröffnet, steckt im modernen Menschen immer noch der „biologische Fingerabdruck" des Vor- und Urmenschen. Ja, wir finden auch noch viele Gemeinsamkeiten mit den Affen, mit denen wir gemeinsame Vorfahren teilen.

Für den Moment ist es aber wichtig, sich zu vergegenwärtigen, dass es den modernen Menschen erst seit einer sehr kurzen Zeit gibt. Seine Existenz macht nur einen Wimpernschlag der Evolution aus: Die Erde besteht seit 4,5 Milliarden Jahren, der Homo sapiens hingegen erst seit circa 200.000 Jahren.

Vor circa 75.000 Jahren begannen kleine Menschengruppen, von der Küste des heutigen Ägyptens in Richtung Asien auszuwandern. Vielleicht waren es 20 Männer, Frauen und Kinder. Es können auch mehr gewesen sein, aber sicher nicht mehr als 50 bis 100 Personen. Was sie antreibt, kann man nur vermuten: Ist es die Suche nach Nahrung? Oder ein Streit mit anderen Clans? Vielleicht sind sie auch einfach nur neugierig, einmal eine neue Gegend zu erkunden. Fest steht: Zum ersten Mal verlässt der „moderne Mensch" seine Heimat Afrika. Wesen, die aussehen wie wir, prinzipiell über das gleiche Gehirn verfügen und die mit den gleichen „Instinkten" und biologischen Impulsen ausgestattet sind wie der moderne Mensch, machen sich auf, die Welt zu entdecken.

Diese kleinen Gruppen zogen recht einsam und isoliert durch die Welt, denn sie trafen höchst selten andere Menschengruppen, da die Erde recht dünn besiedelt war. Wir wissen heute nicht genau, wie viele Menschen vor 130.000 bis 10.000 Jahren die Welt insgesamt bevölkerten, aber es müssen sehr wenige gewesen sein. Wahrscheinlich war der Mensch sogar vom Aussterben bedroht, glaubt man der „Theorie des genetischen Flaschenhalses" und der sogenannten „Toba-Katastrophen-Theorie". Gemäß dieser Theorie ereignete sich vor rund 75.000 Jahren der bislang für den modernen Menschen bedrohlichste Rückgang der Bevölkerungsgröße, als nach dem Ausbruch des Supervulkans Toba (heute der Tobasee auf Sumatra) fast alle damals lebenden Menschen an den direkten und indirekten Folgen dieser ungeheuren Katastrophe verstarben. Wahrscheinlich überlebten weniger als 10.000 Personen (möglicherweise noch viel weniger) diese Naturkatastrophe.

Nach dieser Katastrophe begann der Mensch über viele Generationen hinweg seine Wanderbewegungen und verbreitete sich von Afrika aus über alle anderen Kontinente. In der Zeit von der Toba-Katastrophe bis vor circa 10.000 Jahren lebten dann wahrscheinlich etwa 5 Millionen Menschen weltweit[1]. Auch nicht sehr viele. Man kann diese Zahlen lediglich schätzen, aber diese Schätzungen sind durchaus plausibel, wenn man z. B. die durchschnittliche Lebensdauer der Steinzeitmenschen (circa 25 Jahre) und die Art der Ernährung zurate zieht. Als Jäger und Sammler benötigt eine fünfköpfige Familie als Minimum ein Jagdgebiet von circa 5 Kilometern.[2] Die Menschen verfügten demzufolge nicht über so viel Lebenszeit und Lebensraum, um viele Nachkommen zu „produzieren“ und sie zu ernähren. Anhand dieser Beschränkungen kann man davon ausgehen, dass die Weltbevölkerung (siehe Tab. 2-1) bis vor circa 6.000 Jahren mehr oder weniger konstant blieb und erst mit dem Beginn der Viehzucht und dem Ackerbau so gegen 3.000 vor Chr. auf 14 Millionen Menschen zunahm. Bis zur Zeitenwende wuchs dann die Weltbevölkerung bis auf rund 170 Millionen Menschen an. Davon sollen im Römischen Reich circa 57 und im Chinesischen Reich circa 75 Millionen Menschen gelebt haben. Diese Bevölkerungsgröße blieb relativ lange, bis circa 1000 n. Chr., konstant. Nach diesem Stillstand der Bevölkerungsentwicklung im ersten Jahrtausend unserer Zeitrechnung begann das Wachstum im Hochmittelalter erneut, erlitt im Spätmittelalter jedoch Einbrüche durch Pest, Pocken, Seuchen und die Folgen von kriegerischen Auseinandersetzungen. Um 1600 betrug die Weltbevölkerung bereits mehr als eine halbe Milliarde Menschen. Das weltweite Wachstum stieg im 18. Jahrhundert dauerhaft über 0,5 Prozent im Jahr und Mitte des 20. Jahrhunderts für einige Jahrzehnte sogar über 2 Prozent, sodass man von einer Bevölkerungsexplosion sprechen kann. 1815 überschritt die Weltbevölkerung die 1-Milliarden-Grenze. Gegenwärtig leben auf der Welt ungefähr 7 Milliarden Menschen, die sich mit ungebremstem Wachstum vermehren, sodass schon einige Forscher vermuten, dass wir im Jahr 2050 mit einer Weltbevölkerung von 9 Milliarden Menschen zu rechnen haben.

---

1 Durand, J. D. (1967). The modern expansion of world population. *Proceedings of the American Philosophical Society, 111,* 139.

2 Berger von der Heide, Th., Heuer, C., Humann, W., Oomen, H.-G. et al. (Hrsg.). (2012). *Entdecken und verstehen: Von der Urgeschichte bis zum Ende des Mittelalters.* Berlin: Cornelsen.
Raven, P., Evert, R. & Eichhorn, S. (2006). *Biologie der Pflanzen.* Berlin: de Gruyter.

Tabelle 2-1: Entwicklung der Weltbevölkerung (Quellen: Durand, 1967; Wikipedia, 2020; Statista, 2020)[3]

Vor 70.000 Jahren	< 10.000
Vor 10.000 Jahren	5 Millionen
3000 v. Chr.	14 Millionen
0	170 Millionen
1000	170 Millionen
1600	500 Millionen
1815	1.000 Millionen
2020	7.000 Millionen
2050	9.000 Millionen

Vor circa 70.000 bis 10.000 Jahren war der Homo sapiens ein mehr oder weniger einsames Wesen, denn wenn sich maximal 4 bis 5 Millionen Menschen auf der Welt oder auch nur auf einem Kontinent verteilen, wird er sehr selten fremden Menschen begegnet sein. 4 Millionen Menschen leben derzeit in Berlin auf vergleichsweise kleinem Raum, während sich 4 Millionen Menschen in der Steinzeit über viel größere Territorien verteilten, die auch viel mühsamer als heute zu bereisen waren.

Ein Mensch aus der Steinzeit wird in seinem ganzen kurzen Leben weniger fremden Menschen begegnet sein als ein Berliner an einem Tag bei seinen Fahrten morgens und abends mit der U-Bahn zwischen Arbeitsstelle und Wohnung.

Auch in der Zeit nach Christi Geburt wurde es nicht globalisierter. Im Grunde lebte der Mensch dort, wo er geboren wurde, bis zu seinem Tod. Er lebte in einem kleinen Dorf oder einer kleinen Stadt mit wenigen Einwohnern. Die Reisemöglichkeiten waren im Vergleich zu heute massiv eingeschränkt.

3 Durand, J. D. (1967). The modern expansion of world population. *Proceedings of the American Philosophical Society, 111* (3), 136–159.
Statista. (2020). *Entwicklung der Weltbevölkerungszahl von Christi Geburt bis zum Jahr 2020.* Verfügbar unter https://de.statista.com/statistik/daten/studie/1694/umfrage/entwicklung-der-weltbevoelkerungszahl/
Wikipedia. (8. November 2020). *Weltbevölkerung.* Verfügbar unter https://de.wikipedia.org/wiki/Weltbevölkerung#Historische_Entwicklung_der_Weltbevölkerung

Das bedeutet, dass der Mensch über 70.000 Jahre eher darauf konzentriert gewesen sein muss, sich mit seinen Gruppenmitgliedern zu verständigen. Fremde Menschen müssen für ihn etwas Besonderes, Interessantes oder sogar Gefährliches gewesen sein. In dieser langen Phase der „Einsamkeit“ haben sich wahrscheinlich spezifische Kommunikationsfähigkeiten und das für den Menschen typische Sozialverhalten herausgebildet. Wichtig war für den frühen Menschen die Pflege des engen Kontakts mit den Gruppenangehörigen. Im ständigen Kontakt mit ihnen war er gezwungen, Vertrauen aufzubauen, denn er war auf seine Gruppenmitglieder angewiesen. Ohne sie konnte er nicht jagen und sich vor den Fressfeinden schützen. Er brauchte auch noch Unterstützung für die Aufzucht und Pflege seiner Nachkommen. Kurz, die längste Zeit seines Daseins auf der Welt war es erforderlich, dass der Mensch sich auf sich selbst und vor allem auf seine Gruppenangehörigen konzentrierte. Aus diesem Grunde implementierte die Evolution bei ihm bestimmte Verhaltensweisen, die ihm das Überleben sicherten.

Die moderne Biologie gruppiert den Menschen mit den Menschenaffen, Neuweltaffen, Altweltaffen und Halbaffen zu der Ordnung der Primaten. Mit den weiterentwickelten Menschenaffen bildet der Mensch die biologische Familie der Hominiden. Menschen und Menschenaffen sind sich genetisch und organisch sehr ähnlich. Berühmte Primatenforscher wie Frans de Waal, Jane Goodall und Dian Fossey haben in ihren Publikationen diese Gemeinsamkeiten eindrücklich herausgearbeitet und anschaulich dargestellt.[4] Obwohl man bei den verschiedenen Affenarten spezielle Verhaltensweisen beobachten kann, sind sich nahezu alle Affenarten in einigen wesentlichen Verhaltensaspekten bemerkenswert ähnlich und sie teilen diese Aspekte mit den Menschen. Wie die Affen sind Menschen bemerkenswert ...

- neugierig,
- sie streben nach Macht und Einfluss,

---

4 Aussagekräftige Arbeiten, die die Verhaltensweisen der Affen beschreiben, sind:
Fossey D. (1989). *Gorillas im Nebel.* München: Kindler.
Goodall, J. (2013). *50 Years at Gombe.* New York: Abrams.
Goodall, J. (2014). *The Chimpanzee Children of Gombe.* Hong Kong: Minedition – Michael Neugebauer Edition.
Goodall, J. (2014). *Schimpansen-Kinder.* Minedition – Michael Neugebauer Edition.
Waal, F. D. (2019). *Der Mensch, der Bonobo und die Zehn Gebote: Moral ist älter als Religion* (4. Aufl.). Stuttgart: Klett-Cotta.

- haben Freude am Sex,
- wollen Sicherheit und Zuneigung,
- investieren ungeheuer viel in ihren Nachwuchs,
- verteidigen ihr Revier (wenn es notwendig ist bis aufs Äußerste),
- wissen Vertrauen und Kooperation zu schätzen und
- investieren sehr viel Aufwand in den Aufbau und Erhalt von Vertrauen.

Natürlich existieren graduelle Unterschiede in den jeweiligen Ausprägungen dieser Verhaltensaspekte, aber sie sind typische Verhaltensweisen für Primaten und insbesondere für Hominiden und damit auch für den Menschen. Wir müssen bei aller Begeisterung für die geistigen Leistungen des Menschen berücksichtigen, dass er ein Produkt der Evolution ist. Er ist ein Wesen aus Fleisch und Blut, mit Organen, die aus Eiweiß, Fett, einigen Mineralien und viel Wasser bestehen. Viele organische Funktionsprinzipien bis hin zu den Prinzipien der Nervenzelltätigkeit sind mit denen der Primaten nahezu identisch. Die Gehirne der Menschen und Menschenaffen sind sich sehr ähnlich, weshalb einige Neuroanatomen und Primatenforscher das Menschengehirn ein bisschen abfällig als „aufgeblasenes" Affengehirn bezeichnen. Prinzipiell muss ich diesen Wissenschaftlern schon recht geben, aber man muss bedenken, dass das Menschengehirn aus wesentlich mehr und besser vernetzten Nervenzellen besteht als selbst das größte Affengehirn. Auf diesen Punkt werde ich noch an anderer Stelle zu sprechen kommen. Bei aller Unterschiedlichkeit zwischen Menschen- und Affengehirn kann man dennoch festhalten, dass keine Tierart auf der Welt existiert, die dem Menschen organisch, genetisch und im Hinblick auf die dominanten Verhaltensmuster so ähnlich ist wie die Menschenaffen.

Unzweifelhaft ist der Mensch ein bemerkenswert lernfähiges und anpassungsfähiges Wesen, aber letztlich geht es darum, dass er überlebt und sich fortpflanzt. Und genau zu diesem Zweck hat sich im Zuge der Evolution ein spezielles Verhaltensgrundmuster in unseren Genen etabliert, das unser Überleben sichert. Dieses Verhaltensgrundmuster ist in groben Zügen dem der Menschenaffen sehr ähnlich. In einigen Bereichen ist der Mensch allerdings speziell. Dies werde ich an anderer Stelle des Buches noch näher erläutern. Dieses Verhaltensgrundmuster bahnt sich unaufhaltsam seinen Weg in unser Alltagsverhalten. Manchmal deutlich erkennbar, aber oft auch verborgen und bis zur Unkenntlichkeit durch unsere geistigen Interpretationsfähigkeiten entstellt. Doch letztlich sind diese biologischen Wurzeln für unser Überleben wichtig, sonst hätte es der Mensch vor 70.000 Jahren nicht geschafft, die Welt zu bewandern und für sich zu erschließen. Der Mensch ist ...

- egoistisch und sozial,
- unsozial und empathisch,
- automatisch und kreativ,
- rigide und lernfähig,
- aggressiv und friedfertig,
- unmoralisch und moralisch.

Kurzum, er ist ein Wesen mit einem weiten Spektrum von gegensätzlichen Verhaltensgrundmustern, die ihre Kräfte nahezu ungehemmt entfalten. Diese Grundmuster sind notwendig, um unser Überleben zu sichern. Sie sind die verborgenen, aber mächtigen Kapitäne, die oft im Hintergrund wirksam werden, ohne dass wir wissen, dass sie überhaupt vorhanden sind. Viele dieser Verhaltensantriebe bemerken wir an uns selbst gar nicht, oft sind wir sogar davon überzeugt, dass wir gar nicht darüber verfügen (wer mag schon unmoralisch sein). Aber seien Sie überzeugt, sie stecken in jedem Menschen: in Menschen aus jeder Kultur, in jedem Alter, in jedem Geschlecht, in jedem Beruf und in jeder sozialen Schicht. Es sind eben grundlegende Mechanismen, die uns die Natur geschenkt hat, wie die Verdauung, die Sexualität und die Fähigkeit zu gehen.

Diese in unseren Genen verankerten Verhaltensgrundmuster entfalten ihre Wirkung über stammesgeschichtlich alte Hirnstrukturen und werden durch die evolutionär neu entstandenen Gehirnbereiche kontrolliert und moduliert. Vereinfacht kann man sich das Zusammenwirken der alten und der neuen Gehirnsysteme wie zwei sich ständig gegenseitig beeinflussende und in Schach haltende Kontrahenten auffassen (siehe Abb. 2-1). Das eine System fühlt sich für die emotionalen Impulse (die ich im Folgenden so bezeichnen werde, um sie von den Instinkten zu unterscheiden) verantwortlich und wird stark durch genetisch fundierte Antriebe genährt. Im Englischen nennt man dieses System *bottom-up*. Wir werden es aufsteigendes Impulssystem nennen. Es beinhaltet das Lustzentrum (Nucleus accumbens), aber auch Areale, die eher in die Verarbeitung von unangenehmen Emotionen eingebunden sind (etwa der Mandelkern – die Amygdala). Das Impulssystem ist ein phylogenetisch altes System und entfaltet seine Aktivität vom Hirnstamm ausgehend nach oben in das Stirnhirn hinein. Das zweite System ist das absteigende

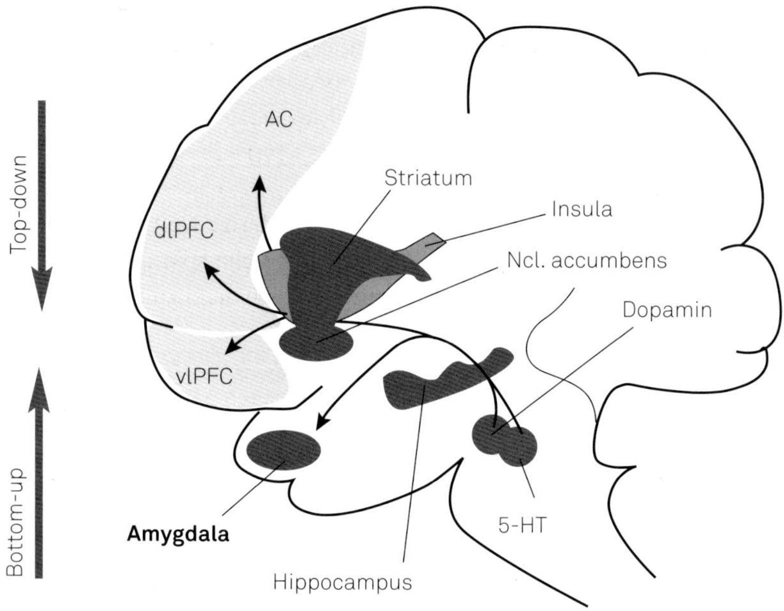

Abbildung 2-1: Aufsteigendes und absteigendes Impulssystem (Bottom-up- und Top-down-System).

reflexive System. Es agiert umgekehrt, also von oben nach unten, im Englischen wird es als *Top-down-System* bezeichnet. Hierbei ist das Stirnhirn (der Frontalkortex) die wichtige Hirnstruktur, die die aufsteigenden Aktivitäten aus dem Impulssystem hemmt und kontrolliert. In den neuronalen Netzen des Stirnhirns sind soziale Regeln oder andere durch Erfahrung erworbene Informationen gespeichert. Mit diesem durch Erfahrung gespeisten System ist es nun möglich, in die Entfaltung der emotionalen Erregungen aus dem Impulssystem einzugreifen. Gleichwohl übt das aufsteigende Impulssystem ständig seinen Einfluss auf die übergeordneten Strukturen aus. In gewisser Weise kommt es hier zu einem ständigen Wechselspiel zwischen beiden Systemen.

Der Mensch hat im Zuge der Evolution beachtliche Fähigkeiten entwickelt, aus denen letztlich bemerkenswerte Leistungen erwuchsen. Er kann 6.000 Sprachen und mehr als 20.000 Dialekte sprechen. Nicht individuell, sondern prinzipiell – damit Sie keine Sorge haben, weil Sie nicht so viele Sprachen sprechen. Aber immerhin, der Mensch verfügt über die Fähigkeit, im Prinzip alle Sprachen der Welt zu erlernen, mögen sie auch noch so schwierig und merkwürdig erscheinen. Das bedeutet, dass der Mensch je nachdem, in welche soziale Gruppe er mehr oder weniger per Zufall hineingeboren wurde, in der Lage ist, die in dieser Gruppe üblicherweise genutzte Sprache oder den jeweiligen Dialekt zu lernen. Dies ist ein enormer Fortschritt für die Kommunikation in den jeweiligen Gruppen. Die Entwicklung der Sprache war für den Menschen so etwas wie das Katapult in die moderne Welt. Mit der Sprache und vor allem der Schaffung der Schriftsprache sprang der Mensch auf eine neue Entwicklungsstufe, die ihn letztlich auch zu dem gemacht hat, was er heute ist.

Die tief in uns verwurzelte Neugier war nicht nur der Motor für den Aufbruch aus Afrika und die „Eroberung“ der Welt, sondern bot auch den Antrieb für besondere Leistungen. Mittlerweile lebt der Mensch praktisch überall: Er lebt in eisiger Kälte in Grönland oder im Norden Kanadas, in brütender Hitze in Saudi-Arabien, in feuchtwarmen Urwäldern oder in dicht besiedelten Großstädten. Forscher leben unter Wasser in Forschungsstationen oder manch ein Volksstamm hat seine Heimat in den Bergen gefunden. Erste Menschen leben sogar schon mehrere Monate im Weltall. Glaubt man den Vorhersagen der Weltraumforscher, werden Menschen in nicht allzu ferner Zukunft mitunter jahrelang durch das Weltall reisen, um auf fernen Planeten neue Siedlungsmöglichkeiten zu finden.

Mithilfe seiner Intelligenz gelang es dem Menschen auch, seine eigenen körperlichen Begrenzungen zu überwinden und Techniken zu entwickeln, die ihm vollkommen neue Möglichkeiten eröffneten. Wir haben Fahrzeuge entwickelt, mit denen wir uns sicher und enorm schnell fortbewegen. Wir fliegen sogar mit den von uns gebauten Flugzeugen und sind in der Lage, die Welt in weniger als 32 Stunden zu umrunden – 1995 ist dies mit der Concorde geglückt, einem Verkehrsflugzeug, das schneller als der Schall flog. Dieser Rekord ist bislang ungebrochen. Steve Fosset hat in einem speziell angefertigten Flugzeug, das circa 8 Tonnen Sprit an Bord mit sich transportierte, die Erdumrundung in gut 67 Stunden geschafft. Würde man eine F-22 stündlich in der Luft auftanken, könnte man die Erdumrundung durchaus an einem Tag bewerkstelligen. Während das Reisen mit dem Flugzeug mittlerweile eine Alltagstätigkeit ist, die wir als Mitteleuropäer und Amerikaner als vollkommen normal empfinden, sind die Flüge ins Weltall oder die Landung auf dem Mond auch für uns noch etwas Besonderes.

Diese kleine Aufzählung von Fähigkeiten soll deutlich machen, dass sich der Mensch von seinen ursprünglichen biologischen körperlichen Möglichkeiten weit entfernt hat. Das bedeutet, er hat sein Verhaltensinventar enorm erweitert; er kann fliegen, schwimmen und Auto fahren; Verhaltensmöglichkeiten, die eigentlich nicht in seinem Verhaltensinventar verankert waren. Er hat sich diese Möglichkeiten aufgrund seiner kognitiven Fähigkeiten erschlossen. Diese Leistungen werden gern als Beispiele für die herausragende Intelligenz des Homo sapiens herangezogen. Ohne Zweifel sind diese Leistungen Zeugen von bemerkenswerten Fähigkeiten, die in dieser Form nur beim Menschen zu finden sind. Trotzdem ist auf anderen Gebieten meines Erachtens kein derart bedeutender Fortschritt zu verzeichnen.

Kein anderes Tier auf dieser Welt ist in der Lage, sich selbst zu vernichten. Nur der Mensch verfügt über die technischen und „moralischen“ Möglichkeiten, sich selbst auszurotten. Er verfügt über Atombomben, Raketen mit Atomsprengköpfen und Wasserstoffbomben. Die militärisch orientierten Labors dieser Welt arbeiten an biologischen Kampfstoffen, mit denen es gelingen soll, ganze Landstriche, wenn nicht gar ganze Nationen auszurotten. Was der Mensch aufgrund seiner „Intelligenz“ in der Lage ist, sich auszudenken und in die Tat umzusetzen, lässt mir mitunter einen Schauer über den Rücken laufen. Was mich allerdings besonders „fasziniert“, sind nicht die technischen Möglichkeiten, die sich hier offenbaren, sondern vielmehr die moralischen Rechtfertigungen, die als Grundlage für die Entwicklung dieser Waffentechniken herangezogen werden. Thematisiert werden in diesem Zusammenhang der Schutz vor imperialistischen Invasoren, Bewahren der Eigenständigkeit, Schutz des eigenen Sozialsystems und Wahrung eigener wirtschaftlicher Interessen. Es schwingen aber auch (in heutiger Zeit offenbar immer mehr) kulturelle Unterschiede mit, die als Triebfedern für aggressive Akte und auf der Gegenseite als Triebfedern für das Installieren von Verteidigungsmaßnahmen herangezogen werden. Der Mensch kann sich moralisch gerechtfertigt sehen, andere Menschen zu töten, Kriege zu führen, nur weil die anderen Menschen anders kulturell verwoben sind. Ein bemerkenswerter Mechanismus, der uns eigentlich zum Nachdenken Anlass geben müsste.

Beim genauen Betrachten offenbaren sich hier eigentlich uralte, ja atavistische menschliche Eigenschaften, die wir seit Urzeiten in uns tragen. Wir sind auf das kulturelle System fokussiert, an das wir uns gewöhnt haben, und betrachten den Fremden aus anderen Kulturen zunächst mit

Argwohn. Einer unserer stärksten Verhaltensantriebe dient dazu, unser eigenes Überleben und das Überleben unserer Angehörigen zu sichern. Ein Aspekt ist in diesem Zusammenhang für mich besonders interessant, nämlich die Tatsache, dass uns kulturelle Unterschiede bedrohlich erscheinen können, vor allem dann, wenn sie massiv und aggressiv vorgetragen werden. Warum ist dieser Umstand bemerkenswert?

Die Entwicklung einer Kultur ist ein höchst menschliches Phänomen. Andere Tiere können durchaus Ansätze von Kulturen entwickeln, aber kein Tier auf dieser Welt ist in der Lage, derart komplexe Kulturen zu entwickeln wie der Mensch. Kulturen sind konventionelle, also von Menschen erdachte Sozialsysteme mit eigenen Werten und Regeln. Werden Menschen per Zufall in eine Kultur hineingeboren, dann erlernen sie aufgrund des enorm plastischen Gehirns diese speziellen kulturellen Regeln. Dabei werden diese vor allem in das sogenannte implizite, also unbewusste Gedächtnis verankert. Das bedeutet, dass diese Regeln in unserem Verhalten wirksam werden, ohne dass sie uns bewusst werden. Sie sind einfach da und steuern ohne großen geistigen Aufwand unser Verhalten. Das ist biologisch höchst sinnvoll, denn auf diese Art und Weise wird sichergestellt, dass die Gruppenmitglieder recht elegant und ohne allzu großen Aufwand in die jeweilige Gruppe einsortiert werden. Sie verwenden dann automatisch die in diesen Gruppen vorherrschenden Regeln und Bewertungsmaßstäbe, ohne darüber nachdenken zu müssen. Das soll nicht bedeuten, dass wir nicht in der Lage sind, uns zu verändern, anzupassen oder, um ein in der heutigen Zeit häufig genutztes Wort zu nutzen, integrieren zu können. Wir sind auch nicht hilflos für unser ganzes Leben in einem Regel- und Bewertungssystem gefangen. Wir können uns anpassen, verändern und auch unsere kulturellen Regeln infrage stellen und sie verändern. Aber eines ist offensichtlich: Diese Anpassungen und Veränderungen passieren nicht einfach so, sondern sie sind mitunter mühsam, langwierig und oft auch mit Reibungsverlusten verbunden. Denn wenn kulturelle Regel- und Bewertungssysteme schnell und nahezu beliebig verändert werden könnten, würden keine stabilen Sozialsysteme entstehen, die zumindest ein Menschenleben überstehen würden. Ich werde an anderer Stelle dieses Buches nochmals darauf zurückkommen.

Andere Kultursysteme mit ihren bisweilen völlig unterschiedlichen Regeln und Bewertungsmaßstäben wirken dagegen überwiegend alarmierend. Vor allem dann, wenn sie massiv vom Standard des gewohnten Systems abweichen. Leichte Abweichungen in geringer Dosierung werden zwar auch schnell und automatisch erkannt, lösen aber nicht unbedingt Alarm- und Verteidigungsreaktionen aus. Leichte Abweichungen können sogar als angenehm oder stimulierend wahrgenommen werden. Sobald aber die Abweichungen massiver werden, machen sich bei uns eher unangenehme Reaktionen bemerkbar, denn sie bedrohen das in uns tief und fest verankerte Regel- und Bewertungssystem. Und genau dagegen müssen wir uns zunächst schützen.

Kulturbedingte aggressive Auseinandersetzungen sind eigentlich aus dem Blickwinkel des vermeintlich so intelligenten Menschen ein Anachronismus. Wenn wir wirklich so intelligent, vernünftig und logisch denkend agieren würden, würden wir unsere Kultursysteme viel häufiger und intensiver hinterfragen. Aber genau das machen wir ja nicht. Wir nutzen unsere „Intelligenz" eher dazu, die uns gewohnten Kultursysteme ex post facto zu rechtfertigen. Ich möchte an dieser Stelle keinem Christen, Moslem, Buddhisten, Hinduisten, Juden oder Mormonen zu nahe treten. Aber ist es plausibel, die jeweiligen Schriften und Überlieferungen, auf deren Fundament die jeweiligen Glaubensregeln aufbauen, ernst zu nehmen und ihnen unverrückbare Bedeutung beizumessen? Wenn man ernsthaft und wirklich logisch darüber nachdenkt und dabei jene intelligenten Denkalgorithmen einsetzt, die bei uns letztlich die bemerkenswerten technischen und wissenschaftlichen Erkenntnisse hervorgebracht haben, dann kann man eigentlich nicht zu den Schlussfolgerungen gelangen, zu denen viele Gläubige kommen. Nichtsdestotrotz sind religiöse und andere kulturelle Unterschiede oft der Auslöser oder zumindest der Verstärker von aggressiven Aktionen.

Ich hoffe, dass ich hier nicht falsch verstanden werde. Für das Gefüge menschlicher Gesellschaften ist es unerlässlich, dass klare Regeln, Bewertungsmaßstäbe und Rangordnungsstrukturen existieren. Solche Strukturen sind wichtig und vor allem für die einzelnen Individuen überlebenswichtig. Nüchtern betrachtet ist es eigentlich unerheblich, welche Regeln und Strukturen existieren, Hauptsache, es existiert eine Struktur. Strukturen schaffen Sicherheit im täglichen sozialen Umgang.

Die kulturellen Errungenschaften des Menschen haben sich auf der Basis der tief in uns verankerten biologischen Verhaltensantriebe etabliert. Man könnte auch mit anderen Worten formulieren, dass sich unser intelligentes kulturorientiertes und vielfältiges Verhalten auf der Basis dieser fest verankerten Verhaltensmuster entwickelt hat. Alle Menschen auf dieser Welt, egal, woher sie stammen, welchem Kulturkreis sie angehören und welcher Religion sie zugetan sind, verfügen über diese Verhaltensmuster und Verhaltensantriebe. Sie sind die eigentliche Grundlage für die Überlebensfähigkeit des Menschen, sie sind aber auch die Grundlage für die Probleme der Menschheit in der modernen überbevölkerten Internetwelt. Diese Verhaltensmuster haben sich im Laufe der Evolution über mehrere Hunderttausend Jahre entwickelt und haben perfekt funktioniert, da der Mensch in kleinen und überschaubaren Gruppen durch die Welt streifte.

Um es zusammenzufassen: Der Homo sapiens ist mit einem biologischen Verhaltensgrundmuster ausgestattet, das er in den letzten (zumindest) 70.000 Jahren genutzt und wahrscheinlich perfektioniert hat. Damit ist er nahezu perfekt für die Interaktion in kleinen Gruppen von 20 bis 50 Personen vorbereitet. Er investiert sehr viel Ressourcen in den Aufbau und Erhalt der Gruppenzusammengehörigkeit und in das Vertrauen der eigenen Gruppenmitglieder. Die Kommunikation in diesen Gruppen erfolgt von Angesicht zu Angesicht und in ständigem physikalischem Kontakt mit den Gruppenmitgliedern. Gruppenfremde sind zunächst bedrohlich und werden mit Zurückhaltung behandelt.

3 Der Homo sapiens in der digitalen Welt

Fortschritt ist die Verwirklichung von Utopien.
*(Oscar Wilde, 1854–1900)**

Der ach so intelligente Mensch hat eigentlich relativ lange gebraucht, um sich technisch und kulturell zu entfalten. In der gesamten Steinzeit, die vor circa 2,6 Millionen Jahren begann und in Europa gegen 2200 v.Chr. endete, hat der Mensch vorrangig Stein- und Knochenwerkzeuge benutzt. Damit gelang es ihm, in der späten Steinzeit Skulpturen herzustellen und Holz recht kunstvoll zu bearbeiten. Viele Holzgeräte hat er für den Alltagsgebrauch angefertigt, die er dann für die Textiltechnik und den Haushalt eingesetzt hat. Wichtige Geräte waren auch die Waffen für die Kriegsführung und die Jagd. So hat er Speer, Pfeil und Bogen mitunter sehr kunstvoll produziert und deren Wirkung ständig optimiert. Er erzeugte Feuer, beherrschte es und wendete es vielseitig an.

Gegen 40.000 v.Chr. begann der Mensch, seine Werkzeuge zunehmend symbolhaft einzusetzen. Er malte Figuren an die Höhlenwände, die nicht nur Abbilder seiner Erlebniswelt waren, sondern auch Erklärungsversuche der Welt zum Ausdruck brachten. In dieser Zeit begann er auch Musikinstrumente aus Mammutelfenbein zu schnitzen. Am Ende der Steinzeit entwickelten erste Kulturen Schriftsprachen (z.B. die Keilschrift der Sumerer, die Hieroglyphen der Ägypter und die Bilderschrift der Chinesen). Im Grunde vollzog sich die technische Entwicklung in den 60.000 bis 70.000 Jahren der Wanderung des Menschen durch die Welt recht langsam, wenn nicht gar träge. Die Bronzezeit, die sich von 2.200 v.Chr. bis ungefähr 800 v.Chr. entfaltete, war nicht nur kürzer, sondern auch

---

* Oscar Wilde, eigentlich Oscar Fingal O'Flahertie Wills, irischer Lyriker, Dramatiker und Bühnenautor. Quelle: Wilde, O. (1891, Februar). The Soul of Man under Socialism. *The Fortnightly Review*, 292–319. [dt.: *Der Sozialismus und die Seele des Menschen. Aus dem Zuchthaus zu Reading. Aesthetisches Manifest.*]

deutlich dynamischer. Die Menschen verstanden zunehmend, wie man Metall gewinnt und verarbeitet. Die effizient gewordene Webkunst führte zu bemerkenswerten Ergebnissen in der Textilverarbeitung. Auch die Verbreitung der Schriftsprache nahm zu und führte zu ersten Zeugnissen von Prosa, Theater und Dichtkunst. Viele Philosophen und Theologen haben in dieser Zeit gewirkt und beeinflussen unsere Kulturen noch bis heute. Die Eisenzeit, die der Bronzezeit folgte, war im Wesentlichen dadurch gekennzeichnet, dass zunehmend Eisen als Material zur Werkzeugherstellung verwendet wurde.

Richtig Schwung bekam die technische und kulturelle Entwicklung des Menschen vor allem mit der Schriftsprache, deren Entwicklung circa 3.000 v. Chr. begann. Danach entpuppte sich der Mensch als vielseitiger Erfinder und entwickelte in immer kürzeren Perioden viele technische Geräte. Er erfand den Buchdruck (1450), den ersten Bleistift (um 1500), das Fernrohr (1609), die Dampfmaschine (1712), die erste Batterie (1799), baute die erste Eisenbahn (1829) und den ersten funktionsfähigen Fernsprecher (1861). In der Mitte des 20. Jahrhunderts tauchten die ersten Anzeichen digitaler Anwendungen auf. 1941 wurde der erste universell programmierbare Digitalrechner vorgestellt. Es folgte 1950 der erste erschwingliche programmierbare Heimcomputer. Die erste Netzwerkverbindung zwischen zwei Computern im sogenannten ARPANET wurde 1969 geknüpft. Zwei Jahre später tauchte die erste Spezifikation des grundlegenden TCP-Protokolls für das Internet auf. Damit fand auch erstmalig der Begriff Internet eine schriftliche Erwähnung. 1976 bauten Steve Jobs, Steve Wozniak und Ronald Wayne den ersten programmierbaren Heimcomputer, den sie ein Jahr später zum Apple II weiterentwickelten, der zu einem der erfolgreichsten Personal Computer seiner Zeit wurde. 1991 wurde offiziell das World Wide Web durch ein Usenet-Posting von Tim Berners-Lee in Betrieb genommen. 1993 folgte die offizielle Inbetriebnahme des globalen Navigationssatellitensystems GLONASS und GPS. 1999 wurde die DVD als digitaler Audiospeicher vorgestellt, während zur gleichen Zeit der Palm VII mit eingebautem Mobilfunkmodem das Zeitalter der mobilen Endgeräte einläutete.

Vor allem in den vergangenen 10 bis 12 Jahren erlebten wir kulturelltechnische Veränderungen, die in dieser Form in so kurzer Zeit während der gesamten Menschheitsgeschichte einmalig sind. Man muss sich vergegenwärtigen, dass Steve Jobs erst im September 2007 das iPhone vorstellte. Verkauft wurde dieses Gerät in der Schweiz erst ein halbes Jahr später. Drei Jahre später präsentierte Steve Jobs das iPad, das die mobile digitale Nutzung revolutionierte.

Ich hoffe, dass ich den Leser mit dieser Aufzählung nicht allzu sehr gelangweilt habe. Mein Ziel war es lediglich, die Geschwindigkeit der technischen Entwicklungen in den letzten 3.000 Jahren zu demonstrieren. Quasi Schlag auf Schlag entfalteten die technischen Innovationen Schockwellen, die die kulturelle und intellektuelle Entwicklung der Menschen beeinflussten. Aber insbesondere in den letzten 13 Jahren entfaltete die technische Entwicklung eine bis dahin ungeahnte, ja atemberaubende Dynamik, die unsere Gesellschaft nachhaltig beeinflusst hat. Diese Veränderungen erblühten innerhalb der Lebensspanne einer Generation und haben gleichzeitig bei der jungen Generation ein vollkommen neues Lebensgefühl erschaffen, das sich grundsätzlich von dem der Elterngeneration unterscheidet. Ja, selbst die Elterngeneration hat sich in dieser kurzen Zeit an die neuen Entwicklungen rasend schnell angepasst, und kaum einer erinnert sich noch an die Zeit vor dem iPhone. Vielen ist sogar gar nicht bewusst, dass mit dem iPhone und dem iPad eine neue technische und kulturelle Ära eingeläutet wurde. Sogar der Firmenname Nokia wird heutzutage kaum noch erinnert, obwohl dies der Name der vor der Einführung des iPhones führenden Mobiltelefonfirma ist. Viele heutige Nutzer verwenden mit einer beachtlichen Selbstverständlichkeit Smartphones von Samsung, Android, Huawei und anderen Firmen, ohne zu wissen, dass diese Geräte erst als Reaktion auf das iPhone und iPad entstanden sind. Viel wichtiger und interessanter im Zusammenhang mit diesen Erläuterungen ist aber die unbestreitbare Tatsache, dass sich mit den Smartphones und iPad-Derivaten unfassbar vieles verändert hat.

Ich kann mich noch lebhaft an die Zeiten vor circa 20 Jahren erinnern, wenn ich morgens zur Arbeit fuhr. In den Zügen und Straßenbahnen traf man viele Berufspendler, die sich mit Papierzeitungen herumschlugen. Manche Zeitungen waren eigentlich zu großformatig, um sie auf den engen Sitzen zu lesen. Aber die auf dünnem Papier gedruckten Zeitungen boten viele Möglichkeiten, gefaltet und damit verkleinert zu werden. Wie auch immer, morgens steckten die Köpfe nahezu aller Pendler hinter irgendwelchen Zeitungen oder Zeitschriften. Diese Tatsache machte sich damals auch eine bekannte und überregionale Zeitschrift für ihre Werbung zunutze und warb mit dem Slogan „Dahinter steckt immer ein kluger Kopf“. Zeitung lesen war also vor noch nicht allzu langer Zeit etwas

Alltägliches. Heute sieht man kaum noch jemanden, der sich mit diesen großformatigen Zeitungen abmüht (sieht man einmal von den überall herumliegenden, durch Werbeanzeigen finanzierten Blättchen ab).

Die meisten Pendler, denen ich heute z. B. in den Zürcher Straßenbahnen und S-Bahnen begegne, lesen auf ihren Smartphones oder Tablets. Nicht nur in den öffentlichen Beförderungsmitteln wird einem die Allgegenwärtigkeit der modernen Medien bewusst, sondern auch in den Gaststätten, den Parks, auf den Straßen, in den Geschäften oder an den Haltestellen. Im Grunde genommen sieht man praktisch überall, wie die Menschen fast zu jeder Gelegenheit, die sich ihnen bietet, ihr Smartphone aus den Taschen greifen und irgendetwas auf diesen Geräten bedienen oder lesen. Eine weitere auffällige Neuerung ist, dass immer mehr Menschen (nicht nur junge) Kopfhörer tragen, um Musik zu hören. Noch nie in der Menschheitsgeschichte hat der Mensch so oft, zu jeder Gelegenheit und so viel unterschiedliche Musik gehört. Viele tragen auch Kopfhörer, um ständig telefonisch erreichbar zu sein. Das Handy ist auch während der Zugfahrt allgegenwärtig. Gerade morgens auf dem Weg zur Arbeit oder abends auf dem Heimweg wird telefoniert, was das Zeug hält. Ständig hört man merkwürdige oder bekannte Klingeltöne. Da wird ohne jegliche Hemmschwelle Berufliches und Privates per Mobiltelefon mit allen im Zug sitzenden Fahrgästen geteilt. Es werden ungeniert geschäftliche und private Probleme diskutiert, so als ob niemand mithören würde. Wie auch immer, die modernen Geräte sind im Alltag allgegenwärtig. Man hat gelegentlich sogar den Eindruck, als würden die Menschen mehr auf ihre Smartphones schauen als in die Gesichter der sie umgebenden Menschen. Wir lauschen auch zunehmend mehr auf das, was uns die Smartphones mitteilen. Wir werden zu Smartphone-Schauern, Smartphone-Lauschern und diffusen Musikhörern.

Die enorme technische Entwicklung in den letzten 10 bis 12 Jahren hat unser Verhalten massiv verändert. Das Gehirn des Menschen wird deswegen mit vollkommen neuen Anforderungen konfrontiert, auf die es biologisch in den letzten 150.000 Jahren gar nicht vorbereitet worden ist. Durch diese Geräte und mit damit zusammenhängenden Technologien hat sich auch eine kulturelle Entwicklung vollzogen, die für die gesamte Menschheitsgeschichte im Hinblick auf Geschwindigkeit und Nachhaltigkeit einmalig ist. Vor allem das iPhone und das iPad haben die Kommunikation und das Verhalten grundlegend verändert. Nicht nur, dass zunehmend mehr Menschen (und vor allem Jugendliche) auf dem iPhone (oder deren Derivaten) Nachrichten lesen, Filme schauen und Musik hören, sondern sie kommunizieren auch damit. Mit diesen neuen Kommunikationsinstrumenten haben sich unzweifelhaft gewinnbringende Kontaktmöglichkeiten eröffnet. Praktisch jederzeit, an jedem Ort und leicht zugänglich stehen Interesse weckende, ja verlockende Informationen zur Verfügung. Man findet Verbotenes, Verruchtes, Merkwürdiges, Lehrreiches, Sinnvolles und Sinnloses im Internet. Kurz, das gesamte Produktionsinventar menschlichen Daseins wird im World Wide Web jedermann und zu jeder Zeit zugänglich. Diese enorme Vielfalt von „Informationen" führt zu einer unüberschaubaren Menge an Auswahlmöglichkeiten, die uns überfordern. Hinzu kommt, dass das World Wide Web allen Menschen Zugang zu Reizen bietet, die biologisch relevante, aber aus Gründen des sozialen Zusammenhalts gehemmte Bedürfnisse befriedigen. Typische Beispiele sind erotische und aggressive Inhalte, die mittlerweile zu den am häufigsten gesuchten und konsumierten Internetinhalten gehören. Es wird somit immer bequemer, sich der Befriedigung der basalen „Lust" hinzugeben. Neurophysiologisch materialisiert sich der ständige Kampf zwischen Disziplin, Belohnungsaufschub und Lust in unserem Gehirn im (oben bereits erwähnten) Top-down- und Bottom-up-System. Die ständige Verfügbarkeit vieler verlockender emotionaler Informationen befriedigt das Bottom-up-System und kann dazu führen, dass sich dieses System zum dominanten System verfestigt, sofern man es sich zu häufig und ungebremst entfalten lässt. In anderen Worten: Man kann sich allzu leicht zu einem Lustwesen mit einem Bottom-up-System trainieren.

Mit den neuen Kommunikationswerkzeugen (Smartphones) hat sich auch unser Kommunikationsverhalten massiv verändert. Wir kommunizieren via Messenger, WhatsApp, Facebook, E-Mail, Instagram oder andere Internetkanäle. Dabei treten wir in Kontakt mit Menschen, die wir nicht sehen, zumindest nicht im Moment des Kommunikationsaktes. Im Grunde sind unsere Gesprächspartner Avatare, also digitale Wesen, denen wir lediglich imaginativ reale Personen zuordnen können. Kurzum, die Kommunikation wird zunehmend unbiologischer. Der direkte Augen- und Gesichtskontakt fällt weg, was zur Folge hat, dass wir die über Hunderttausende von Jahren perfektionierten nonverbalen Kommunikationsmechanismen nicht mehr nutzen. Das führt dann zu einer enthemmten und fragmentarischen Kommunikation über die digitalen Kanäle, mit der wir dann ineffizient und höchst fehlerhaft interagieren. Hinzu kommen noch eine zunehmende Vereinfachung und Verfälschung der verbalen Signale durch den Gebrauch von Dialekten sowie unbeholfener und grammatikalisch fehlerhafter Sprache. Das wäre ungefähr so, wie wenn wir bei einem Kinofilm die Bilder wegschneiden und den auditorischen Kanal verfremden und fragmentieren würden.

Kurz gesagt: Neben den vielen begrüßenswerten Konsequenzen, die sich mit der Einführung dieser Technologie eröffnen, haben sich auch (quasi über Nacht) massive Probleme offenbart, für die unser Gehirn nicht vorbereitet ist:

- der Umgang mit der enormen Menge an Informationen, die potenziell zur Verfügung stehen,
- die schiere Verfügbarkeit von Lust spendenden Reizen und
- die vollkommen veränderte zwischenmenschliche Kommunikation.

Diese Probleme sind insbesondere für das heranwachsende und reifende Gehirn Herausforderungen, die es schwerlich zu meistern in der Lage ist.

Zusammenfassung

- In der gesamten Steinzeit, die vor circa 2,6 Millionen Jahren begann und in Europa gegen 2200 v. Chr. endete, hat der Mensch vorrangig Stein- und Knochenwerkzeuge benutzt. Damit gelang es ihm, in der späten Steinzeit Skulpturen herzustellen und Holz recht kunstvoll zu bearbeiten. Er hat auch viele Holzgeräte für den Alltagsgebrauch angefertigt (Textiltechnik, Haushaltsgeräte, Speere, Pfeil und Bogen). Er erzeugte Feuer, beherrschte es und wendete es vielseitig an.
- Gegen 40.000 v. Chr. begann der Mensch, seine Werkzeuge zunehmend symbolhaft einzusetzen. Er malte Figuren an die Höhlenwände, die nicht nur Abbilder seiner Erlebniswelt waren, sondern auch Erklärungsversuche der Welt zum Ausdruck brachten. In dieser Zeit begann er auch, Musikinstrumente aus Mammutelfenbein zu schnitzen.
- Am Ende der Steinzeit entwickelten erste Kulturen Schriftsprachen.
- Damit nahm die Verbreitung der Schriftsprache zu und führte zu ersten Zeugnissen von Prosa, Theater und Dichtkunst.
- Mit der Schriftsprache entpuppte sich der Mensch als vielseitiger Erfinder und entwickelte in immer kürzeren Perioden viele technische

Geräte. Beispiele hierfür sind die Erfindung des Buchdrucks (1450) und die Dampfmaschine (1712).

- Mit der technischen Entwicklung haben sich massive Probleme offenbart, für die unser Gehirn nicht vorbereitet ist, wie der Umgang mit der enormen Menge an Informationen, die potenziell zur Verfügung stehen.

4 Der Mensch als Gewohnheitstier

In der Gewohnheit ruht das einzige Behagen des Menschen.
*(Johann Wolfgang von Goethe, 1749–1832)**

Die moderne digitale Welt und das Internet bedienen eine psychische Funktion des Menschen, die zwar überlebenswichtig ist, aber eben durch die modernen Herausforderungen zu verhängnisvollen Problemen führen kann: die Gewohnheit.

Unser Gehirn gewöhnt sich an Alltagssituationen und an Kontrollmechanismen, die im Alltag eingesetzt werden. Anders formuliert: Unser Gehirn ist gezwungen, sich an Alltagssituationen und deren Kontrolle zu gewöhnen. Wenn es dies nicht täte, dann wären wir ständig mit mühseligen Aufgabenbewältigungen überlastet. Das wäre ungefähr so, als ob wir andauernd komplexe Differenzialgleichungen oder ausgeklügelte Fachtexte lesen müssten. Im Alltag schaltet das Gehirn deshalb häufig in einen Kontrollmodus, der von der Gewohnheit geformt wird.

„Der Mensch ist ein Gewohnheitstier" ist eine geläufige Redewendung, die treffend diesen wichtigen Mechanismus unseres Gehirns beschreibt. Wir gewöhnen uns an vieles. An unsere Lebensumstände, an das Essen, ans Klima, an die Menschen, mit denen wir zusammenleben, die Muttersprache und die kulturellen Regeln, die wir gelernt haben. All diese Informationen werden in einem speziellen Gedächtnissystem, dem unbewussten Gedächtnis, verankert. Mit jeder erfolgreichen Wiederholung gräbt sich das Muster tiefer in dieses Gedächtnissystem – und die höheren Zentren des Gehirns vergessen es allmählich. Die Gewohnheit gelangt dann in die Tiefen des Gehirns. Mit der Zeit sammeln sich dort Fragmente unseres eigenen Lebens, die ihre Wirkung automatisch und unbewusst entfalten.

---

* Goethe, J.W. (1821). *Wilhelm Meisters Wanderjahre*. Zugriff am 6. November 2020 unter https://www.projekt-gutenberg.org/goethe/meisterw/mstw104.html

Unser Gehirn gewöhnt sich auch an emotionale Reize, etwa wenn wir ihnen häufig ausgesetzt sind. Intensive angenehme und unangenehme Gefühle sind für unseren Körper und unser Bewusstsein Herausforderungen. Empfindungen wie starke Angst, tiefe Trauer, aber auch großes Glück sind mit erheblichen Belastungen für unseren Körper verbunden. Redewendungen, die wir häufig nutzen, um diese Empfindungen auszudrücken, beschreiben diese Belastungen trefflich. Bei unangenehmen Nachrichten sind wir „sprachlos vor Entsetzen" oder im Angesicht einer akuten Bedrohung „vor Angst wie gelähmt". Derart starke emotionale Zustände kann der Organismus nicht über längere Zeit aushalten, und deshalb ist es biologisch sinnvoll, dass sich die Intensität von Gefühlsreaktionen mit der Zeit abschwächt. Der Organismus gewöhnt sich an die Reize, die zu Beginn starke emotionale Reaktionen auslösen. Nach häufigem Auftreten reagiert er immer schwächer. In der Fachsprache nennt man dieses Phänomen Desensibilisierung oder einfach Abstumpfung.

Diese Abstumpfung entfaltet sich im Hinblick auf die körperliche Erregung des erlebten Gefühls (etwa reduziertes Angsterleben) sowie auf der Ebene der gedanklichen Bewertung. Bei der Behandlung von starken Ängsten, etwa bei einer Spinnenphobie, wird dieser Mechanismus erfolgreich eingesetzt. Dabei entwickeln sich durch die wiederholte Auseinandersetzung mit dem angstauslösenden Reiz allmählich weniger intensive negative Gefühlsreaktionen, was letztlich dazu führt, dass der Patient sich an das ehemals angstbesetzte Objekt annähert und damit seine Ängste überwindet.

Gewöhnung an angstauslösende Reize treten auch eindrucksvoll in langwierigen kriegerischen Auseinandersetzungen auf. Die Mehrzahl der Soldaten und Zivilisten gewöhnt sich an die vielen unangenehmen Eindrücke, denen sie in Kriegen ausgesetzt ist. Das bedeutet nicht, dass einige Personen sogar das Gegenteil der Desensibilisierung, nämlich Sensibilisierung zeigen können. Sensibilisierung ist eher eine Ausnahmereaktion (wie z. B. das Posttraumatische Stresssymptom – PTSD). Desensibilisierung bedeutet auch nicht, dass man unangenehme Kriegsereignisse letztlich auch gutheißt. Aber der Anblick von Leichen, verkrüppelten Menschen, zerstörten Gebäuden oder Waffen ist dann nichts Besonderes mehr. Im Zusammenhang mit unseren Darstellungen wollen wir uns aber nicht mit solchen extremen emotionalen Erfahrungen auseinandersetzen, sondern uns mehr mit den alltäglichen emotionalen Reizen in unserer Wohlstandswelt befassen.

Abbildung 4-1: Schematische Darstellung des Prinzips der doppelten Quantifizierung.

Ein weiterer in uns wirksamer Mechanismus ist in diesem Zusammenhang auch noch wichtig. Man muss berücksichtigen, dass nicht nur die auslösenden Reize für die Entstehung der emotionalen Reaktionen verantwortlich sind, sondern auch die in uns wohnenden Bereitschaften (die Verhaltensbiologen sprechen von Trieben). Das können genetisch oder durch Lernen und Erfahrung bedingte Bereitschaften sein. Diese inneren und äußeren Bedingungen wirken zusammen, um unser Verhalten auszulösen und zu steuern. In der Verhaltensbiologie wird dieses Zusammenspiel mit dem Prinzip der doppelten Quantifizierung beschrieben (siehe Abb. 4-1).

So ist z. B. die Menge der Nahrungsaufnahme abhängig von der inneren Bereitschaft zur Nahrungsaufnahme, also unserem Hunger, und von den äußeren Reizen wie Qualität und/oder Quantität des Nahrungsangebots. Die Wirksamkeit dieses Prinzips erfahren wir häufig am eigenen Leibe. Wenn wir Heißhunger verspüren und schon lange nichts gegessen haben, dann sind wir geneigt, auch weniger ansprechende Speisen zu uns zu nehmen. Die Redewendungen „In der Not frisst der Teufel Fliegen“ oder „Hunger ist der beste Koch“ beschreiben trefflich diesen Zusammenhang. Ist man wohlgenährt, dann muss die Speise besonders schmackhaft angerichtet sein und demzufolge einen besonders starken Anreiz haben. Die Handlungsbereitschaft, in diesem Fall der Hunger, ist bei Sättigung gering, sodass der Wunsch zur Nahrungsaufnahme vor allem durch intensive Nahrungsreize angeregt wird. Ist der Sexualtrieb befriedigt, dann sind immer stärker anregende Sexualreize notwendig, um den letzten Rest der noch vorhandenen Paarungsbereitschaft zu erwecken. In anderen Worten: Je intensiver unsere Triebe befriedigt werden, desto anreizender und verlockender müssen die nächsten emotionalen Reize sein, um uns erregen zu können.

Wenn die Gewöhnung an unsere Lebensumstände so wichtig für unser Überleben ist, stellt sich die Frage, wie und ob wir uns an die moderne

Internetwelt anpassen können. Wird die ständige und immerwährende Präsenz angenehmer, ja Lust spendender Reize dazu führen, dass wir immer intensivere Lustreize benötigen, damit unser Verstärkungssystem überhaupt anspringt? In gleicher Weise könnte ja auch die ständige Präsenz unangenehmer Reize dazu führen, dass wir uns an sie gewöhnen und gar nicht mehr so stark mit Abwendung oder Flucht auf sie reagieren.

Ich mag mich noch recht gut an meine Schulzeit erinnern, als wir die *Ilias* von Homer lasen. Ich glaube, ich war 11 oder 12 Jahre alt, und ich erinnere mich noch sehr lebhaft an die Passage, in der Homer die Verteidigungsschlachten der Trojaner gegen die anrückenden Griechen teilweise sehr detailliert beschrieb. In einer Textpassage erklärte er eine neue Verteidigungsstrategie der Trojaner. Sie befestigten an den Rädern ihrer Streitwagen Messer und Säbel, die beim Fahren rotierten. Mit diesen Wagen fuhren sie dann in die anrückenden Reihen der Griechen. Homer beschrieb genau die Verwundungen, die diese neue Waffe bei den griechischen Soldaten auslöste. Da floss Blut und die Gliedmaßen flogen durch die Luft. Für mich als eher behütet aufgewachsenen Jungen war das schon zu viel der Grausamkeiten. Ich konnte mehrere Nächte nicht schlafen. Ich frage mich: Wie reagieren heutzutage Jugendliche auf die im Internet, im Film und in den Computerspielen omnipräsente Gewaltdarstellung? Ich vermute, dass die erwähnte Textpassage bei heutigen Jugendlichen eher weniger starke Emotionen hervorrufen wird.

Nicht nur, dass die Gewaltdarstellungen nahezu allgegenwärtig sind, sie werden dank der modernen Technik immer realer. Muss demzufolge nicht häufiges Sehen von Gewalt zwangsläufig dazu führen, dass man sich an Gewalt gewöhnt? Gleiches gilt für die ständige Präsenz von Lust spendenden Reizen. Was passiert in unserem Gehirn, wenn wir ständig und nahezu überall erotische Reize sehen? Heute kann man ja kaum noch ein Boulevardblatt betrachten, ohne damit bombardiert zu werden. Mehr noch, bei einem Besuch einer Website wie „Pornhub" kann man in einer Minute mehr nackte Körper sehen, als die promiskuitivsten Viktorianer[1] in einem ganzen Leben gesehen hätten. Bedenkt man, dass jeder Mensch, egal wel-

1 Viktorianer lebten in England zur Zeit der Regentschaft von Queen Victoria. Diese Zeit galt insbesondere in England als sehr prüde. Auch in Kontinentaleuropa war diese Zeit eher durch Prüderie gekennzeichnet. Interessanterweise hatte genau in dieser Periode Sigmund Freud seine Arbeiten zum Es, Ich und Über-Ich sowie zur unterdrückten Sexualität begonnen.

chen Alters, welchen Geschlechts und welcher Kultur, Zugang zu solchen Informationen hat, dann muss man sich die Frage stellen, ob wir uns an solche Reize gewöhnen können, wenn nicht gar müssen. Wenn solche Gewöhnungen eintreten, dann müssten die zugrunde liegenden Handlungsbereitschaften (Triebe) durch intensivere Reize geweckt werden. Im Fall der Defensivreaktion müssten dann drastischere unangenehme oder gefährliche Reize die Defensivreaktionen auslösen. Als kleiner Junge war ich derart behütet und selten mit unangenehmen Reizen konfrontiert, dass Homers Schlachtbeschreibungen für mich schon schwer zu verdauen waren. Wenn man hingegen mehrmals die Woche virtuell Stalingrad erobert und Hunderte von Avataren im Kampf tötet[2], wird man beim Lesen von Homers Kriegsbeschreibungen Langeweile empfinden und gähnen.

In vielen neurowissenschaftlichen und psychologischen Untersuchungen sind in der Tat emotionale Gewöhnungsprozesse untersucht und belegt worden. Allerdings nicht über längere Zeiträume wie Monate oder Jahre. Bedenkt man aber, wie einschneidend wir uns an alltägliche Lebensumstände gewöhnen, muss man davon ausgehen, dass wir uns auch an intensive und ständig verfügbare emotionale Reize gewöhnen werden. Im Grunde haben wir solche Gewöhnungsprozesse bereits in unserer Generation erfahren. Denken Sie an den Umgang mit erotischen Reizen vor 20, 30 oder gar 50 Jahren. Oder wie wenig freizügig unsere Badeanzüge und Badehosen waren. Denken wir doch auch daran, welche Kinofilme wir heute interessant finden oder welche Fernsehformate heutzutage gesendet werden.

Mehr Horror und Entsetzen, immer unerträglichere Spannung, mehr erotisch aufreizende Szenen, häufigere unberechenbare und ausufernde romantische Berg- und Talfahrten; das ist genau das, was wir heutzutage offenbar bevorzugen. Das in früheren Zeiten als abnormal Bewertete wird so auf einmal normal und zur Gewohnheit. Was die nachmittäglichen Talkshows an Themen anbieten, ist aus der Perspektive der jüngeren Vergangenheit oft abstoßend und teilweise menschenverachtend, wird aber offenbar von Millionen von Zuschauern konsumiert. Der Mensch von heute wird regelrecht zu einem Gefühlsjunkie erzogen, was dazu führt, dass er immer abhängiger von Emotionen wird – die nur dann befriedigt werden, wenn sie mit immer stärkeren Reizen verbunden sind. Was also aufgeputscht und stimuliert wird, ist die evolutionär alte Gefühlsnatur des

2 Etwa so wie beim Spielen von „Call of Duty“ oder ähnlichen Spielen.

Menschen, die gleichzeitig auch immer mehr abstumpft. Manchmal drängt sich der Eindruck auf, dass in den modernen Gesellschaften die Emotionen immer wichtiger werden. *Ich fühle, also bin ich.* Und wenn Gefühlsreaktionen abstumpfen, kann man verleitet werden, immer stärkere heraufzubeschwören.

Zusammenfassung

- Unser Gehirn gewöhnt sich an Alltagssituationen. Dabei gewöhnen wir uns an vieles. An unsere Lebensumstände, an das Essen, ans Klima, an die Menschen, mit denen wir zusammenleben, die Muttersprache und die kulturellen Regeln, die wir gelernt haben. All diese Informationen werden tief in einem speziellen Gedächtnissystem, dem unbewussten Gedächtnis, verankert.
- Unser Gehirn gewöhnt sich auch an emotionale Reize, etwa wenn wir ihnen häufig ausgesetzt sind. Intensive angenehme und unangenehme Gefühle sind für unseren Körper und unser Bewusstsein Herausforderungen. Empfindungen wie starke Angst, tiefe Trauer, aber auch großes Glück sind mit erheblichen Belastungen für unseren Körper verbunden. In der Fachsprache nennt man dieses Phänomen Desensibilisierung oder einfach Abstumpfung.
- In der Verhaltensbiologie wird das Zusammenspiel zwischen äußeren Reizen und inneren Antrieben mit dem Prinzip der doppelten Quantifizierung beschrieben. So ist z. B. die Menge der aufgenommenen Nahrung abhängig von der inneren Bereitschaft zur Nahrungsaufnahme, also unserem Hunger, und von den äußeren Reizen wie Qualität und/oder Quantität des Nahrungsangebots.
- Wenn die Gewöhnung an unsere Lebensumstände so wichtig für unser Überleben ist, stellt sich die Frage, wie und ob wir uns an die moderne Internetwelt anpassen können. Wird die ständige und immerwährende Präsenz angenehmer, ja Lust spendender Reize dazu führen, dass wir immer intensivere Lustreize benötigen, damit unser Verstärkungssystem überhaupt anspringt? In gleicher Weise könnte ja auch die ständige Präsenz unangenehmer Reize dazu führen, dass wir uns an sie gewöhnen und gar nicht mehr so stark mit Abwendung oder Flucht auf sie reagieren.

5 Die Last mit der Lust

*Keine Lust ist an sich ein Übel. Aber das, was bestimmte Lustempfindungen erzeugt, bringt Beschwerden mit sich, die die Lustempfindungen um ein Vielfaches übersteigen. (Epikur von Samos, 341–271 v. Chr.)**

Die Lust ist eine intensive und angenehme Erlebensform. Sie entfaltet sich auf unterschiedlichen Ebenen der Wahrnehmung und treibt unser Verhalten an. Man kann Lust auch als inneres Bedürfnis, etwas zu tun oder zu besitzen, beschreiben. Im Grunde streben wir Momente der Lust an. Sie sind wichtige Ziele für unser Verhalten. Die gegensätzliche Erlebensform, die Unlust, wollen wir dagegen vermeiden. Lust und Unlust sind Erlebensaspekte, die im Internet und der modernen digitalen Welt eine starke, wenn nicht gar herausragende Bedeutung erlangt haben. Doch bevor wir uns mit Lust und Unlust im Internet und in der digitalen Welt auseinandersetzen, wenden wir uns zunächst der Erforschung der Lust und ihren neuronalen Grundlagen zu.

Anfang der 1950er-Jahre arbeiteten zwei junge Mittdreißiger am California Institute of Technology (kurz CALTECH genannt) im sonnigen San Diego an der Frage, wie im Gehirn von Nagern Lernprozesse codiert sind. Dabei entdeckten sie praktisch per Zufall das Lustzentrum. Wie jeden Tag platzierten sie Elektroden an bestimmten Stellen der Gehirne ihrer Versuchsratten, über die sie dann elektrische Impulse verabreichten. Sie wollten überprüfen, ob diese elektrischen Stromstöße das Lernen der Ratten veränderten oder sogar verbesserten. Für die Positionen der Elektroden wählten sie unterschiedliche Hirngebiete, denn bislang hatten sie noch kein Hirngebiet entdeckt, das entscheidend in das Lernen eingebunden war. Doch eines Tages stellten die jungen Forscher überrascht fest, dass einige Ratten immer an jenen Ort ihres Käfigs zu-

* Quelle: Nestle, W. (1923). *Die Nachsokratiker* (2 Bände, Aus den Hauptlehren [8]). Jena: E. Diederichs.

rückkehrten, an dem sie vorher einen elektrischen Stromstoß erhalten hatten. Offenbar gingen die Tiere davon aus, dass ihnen an diesem Ort etwas Interessantes und Belohnendes widerfahren würde. Sie hofften auf weitere Stromstöße, ähnlich wie ein Junkie, der weiß, dass er am nächsten Häuserblock mit großer Sicherheit jemanden findet, der ihm den nächsten Schuss verkaufen kann. Die beiden Forscher waren elektrisiert und führten nun weitere Experimente durch, um dieses Hirngebiet näher einzugrenzen, das offenbar dieses interessante Verhalten auslöste.

Die beiden jungen Wissenschaftler (James Olds und Peter Milner) entwickelten eine neue Versuchsapparatur, mit der sie die Funktion und Bedeutung dieses wichtigen Hirngebietes näher untersuchen konnten (siehe Abb. 5-1). Weitere Experimente brachten dann zunehmend die Gewissheit. Sie platzierten ihre Versuchsratten in eine sogenannte Skinnerbox. Dies ist im Prinzip ein leerer Käfig, in dem ein Hebel angebracht ist, den die Ratten selbstständig betätigen konnten. Wenn sie diesen Hebel mit ihrer Pfote niederdrückten, lösten sie einen Stromschlag aus, der über die eingepflanzte Elektrode das Hirngebiet stimulierte, in dem

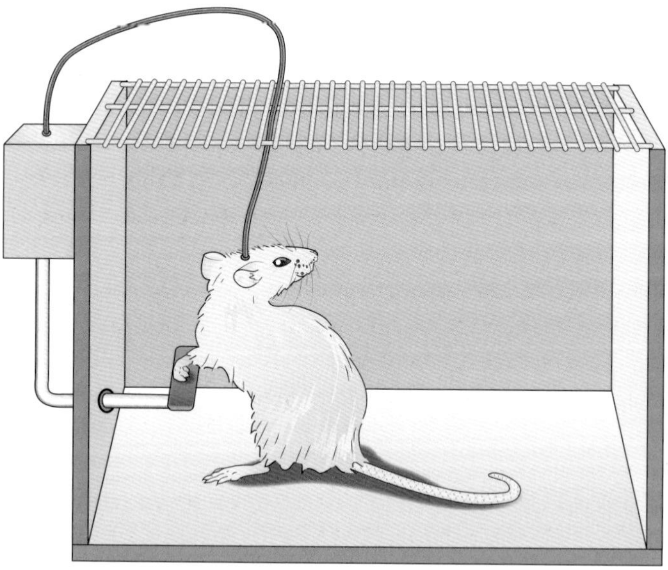

Abbildung 5-1: Darstellung der Selbststimulationsapparatur von Olds und Milner (1950). In das „Lustzentrum" der Ratte war eine Elektrode eingepflanzt, über die sich das Tier durch Hebeldruck selbst stimulieren konnte.

die Elektrode steckte. In anderen Worten: Sie verpassten sich selbst einen Stromschlag in einem speziellen Hirngebiet.

Das Bemerkenswerte war, dass die Tiere bereits nach circa 2 bis 5 Minuten gelernt hatten, dass etwas Besonderes in ihrem Gehirn stattfand. Daraufhin stimulierten sie sich unaufhörlich etwa alle 5 Sekunden. Die Nager empfanden die elektrische Selbststimulation offenbar als so angenehm, dass sie immer wieder den Hebel drückten – sogar bis zur absoluten Erschöpfung. Angebotenes Futter oder Kontakt mit anderen Nagern interessierten sie nicht mehr, was sogar dazu führte, dass einige Ratten im wahrsten Sinne des Wortes zusammenbrachen, weil sie lieber den Hebel drückten, als zu fressen, zu trinken oder sich mit ihren Artgenossen zu beschäftigen. Offenbar hatten die beiden Forscher das Belohnungs- und Lustzentrum dieser Tiere identifiziert. Eine Aktivierung dieses Zentrums war offenbar mit derart angenehmen Gefühlen verbunden, dass die Tiere alles um sie herum vergaßen und missachteten. Ihre gesamte Aufmerksamkeit war auf Lustgewinn fokussiert. Sie mussten immer wieder den Hebel drücken, um sich Aktivierungen im Lustzentrum zuzuführen.

Dieses Bild der sich ständig stimulierenden Nager hat bemerkenswerte Ähnlichkeit mit den Spielsüchtigen, Pornofilm- oder Internetsüchtigen, die sich ständig ihre präferierten Stimulationen bescheren wollen. Es ähnelt frappant auch jenen Bildern von Erwachsenen und Jugendlichen, die ständig auf ihr Smartphone schauen, um E-Mails zu checken, neue Facebook-Botschaften oder Instagram-Likes zu überprüfen. Bevor wir uns dem Lustgewinn im Internet zuwenden, gönnen wir uns doch noch ein paar Einsichten in das neuronale Geschehen im Lust- und Belohnungszentrum.

James Olds und Peter Milner haben in den Jahren nach ihren ersten Entdeckungen die Funktionsweise und die Anatomie des Belohnungssystems untersucht und in mehreren Publikationen detailliert beschrieben. Dieses Hirnsystem[1] ist bei Menschen, Nagern und allen anderen

1 Zentral in diesem Belohnungssystem sind der Nucleus accumbens und die Substantia nigra (deutsch: die schwarze Substanz). Der Nucleus accumbens wird zu den Basalganglien gezählt und liegt tief im Inneren des Gehirns. Die Substantia nigra gehört zum stammesgeschichtlich alten Mittelhirn. Beide Hirnstrukturen gehören zum sogenannten mesolimbischen System, das aus einer Reihe von Arealen und Nervenverbindungen besteht.

Säugern nahezu identisch. In diesem System ist der Transmitter Dopamin der wichtigste Botenstoff. Deswegen wird er oft auch als „Glücksbotenstoff" bezeichnet. Dieses System entfaltet seine Aktivität quasi von unten nach oben in die höheren Hirnstrukturen. Erscheint ein angenehmer Auslöser, z.B. der Duft einer köstlichen Speise, reagiert dieses System mit dem Ausstoß von Dopamin und löst damit einen Drang aus, in diesem Fall zu essen. Dieser Drang wird dann der Großhirnrinde mitgeteilt und bei uns als bewusstes Verlangen oder Wunsch (oder auch Vergnügen) empfunden. Daraufhin erzeugt das Großhirn entsprechende Anweisungen, dieses Verlangen zu stillen. Wird es angemessen gestillt, wird wieder Dopamin im Lustzentrum ausgeschüttet. Jedes Mal, wenn das Lustzentrum Dopamin ausschüttet, empfinden wir Menschen angenehme Gefühle. Im obigen Fall das Gefühl der Befriedigung, was letztlich dazu führt, dass das vor dem Dopaminausstoß gezeigte Verhalten verstärkt wird und deswegen auch häufiger auftritt.

Das Bild der Ratten und Mäuse, die in ihren Skinnerboxen sitzen und ohne Unterlass alles um sich herum vergessend auf den Hebel drücken, um „sich selbst zu befriedigen", ist mir nie aus dem Sinn gekommen. Auch deswegen, weil in den alten Lehrbüchern zur Motivationspsychologie und biologischen Psychologie Bilder abgedruckt waren, die eine „arme" Ratte zeigten, die ihre Pfote auf den Hebel legte, um sich über ein Kabel, das in ihr Gehirn eingeführt war, zu stimulieren. Ich hatte mir schon als Student vorgestellt, wie die Ratten mit hoher Frequenz im wahrsten Sinne des Wortes die Taste niederdrückten. Dabei habe ich mich immer gefragt, was wir Menschen machen würden, wenn wir die Gelegenheit hätten, uns ständig Lust zu verschaffen. Was würden wir machen, wenn wir eine Elektrode im Lustzentrum implantiert hätten und über diese das Lustzentrum elektrisch erregen könnten? Würden wir dem einfach zu verabreichenden und ohne offensichtliche Kosten zu genießenden Lustgewinn widerstehen können? Oder würden wir ihm wie die Ratten erliegen und alles oder zumindest vieles um uns herum vergessen? Was würde aus uns werden? Wären wir noch in der Lage, unser Leben zu meistern? Würden wir arbeiten, studieren, uns um unsere Kinder kümmern? Würden wir noch essen und Körperpflege betreiben? Ich war schon damals geneigt, zu vermuten, dass wir bei einfacher Anwendung von lustspendenden Reizen uns eher der Lust hingeben würden. Aber das war für einen humanistisch Gebildeten eher eine ketzerische Vermutung. Denn wir sind überzeugt davon, dass der Mensch etwas

Besonderes sei und sich (anders als andere Tiere) vor allem durch seine Fähigkeit der Selbstreflexion auszeichnen würde.

In der Tat haben einige Forscher diese Rattenversuche aufgegriffen und ähnliche Versuche beim Menschen durchgeführt. Besonders hervorgetan hat sich hierbei Robert Galbraith Heath, ein US-amerikanischer Psychiater. Er experimentierte bereits einige Jahre nach den Versuchen von Olds und Milner mit Menschen. Schon 1953 versuchte er, Orgasmen durch Tiefenstimulation im menschlichen Gehirn zu erzeugen. Er führte seinen ersten publizierten Versuch im Zusammenhang mit einer von ihm erdachten Homosexuellen-Konversionstherapie durch und behauptete, einen homosexuellen „Patienten" erfolgreich zu einem Heterosexuellen konvertiert zu haben.[2] Bei diesem „Patienten", der wegen Marihuanabesitzes inhaftiert war, implantierte Dr. Heath Elektroden in die gleichen bzw. in ähnliche Hirnregionen (vor allem das Septum), die auch Olds und Milner in ersten Experimenten bei den Ratten als Zielregion gewählt hatten. Aber er stimulierte auch andere umliegende Gebiete. Bei diesem Patienten verabreichte er Stromstöße in diese Hirngebiete, während er ihm heterosexuelles pornografisches Material darbot. Der Patient wurde zu Geschlechtsverkehr mit einer eigens für diese Studie rekrutierten Prostituierten angehalten, ein Wunsch, dem er offenbar mehr oder weniger bereitwillig nachkam. Infolgedessen behauptete Dr. Heath, dass er diesen Patienten erfolgreich zur Heterosexualität umgewandelt hätte.

Ich weiß nicht, wie Sie dieses Experiment bewerten, aber für mich ist dies ein höchst skurriler, ja bizarrer Versuch, der aus einer Vielzahl von Gründen heute als unethisch bewertet wird. Irritierend ist vor allem, wie schnell in diesem Fall erste Befunde, die an Ratten gewonnen wurden, direkt auf den Menschen übertragen werden; eine Unart, die leider noch heute aus meiner Sicht zu häufig praktiziert wird. Was aber vor allem

2 Bishop, M.P., Elder, S.T. & Heath, R.G. (1963). Intracranial self-stimulation in man. *Science, 140* (3565), 394–396.
Heath, R.G. (1958). Correlation of electrical recordings from cortical and subcortical regions of the brain with abnormal behavior in human subjects. *Stereotactic and Functional Neurosurgery, 18*, 305–315.
Heath, R. (1972). Pleasure and brain activity in man. *The Journal of Nervous and Mental Disease, 154* (1), 3–18.
Moan, C.E. & Heath, R.G. (1972). Septal stimulation for the initiation of heterosexual activity in a homosexual male. *Journal of Behavior Therapy and Experimental Psychiatry, 3,* 23–30.

auffällt, ist, dass sich dieser Psychiater über einige ethische Grundsätze hinwegsetzte. So wurde der „Patient" für diese Studie rekrutiert, während er unter rechtlichem Zwang stand. Er war ja wegen Marihuanabesitzes inhaftiert. Dann wurde er mit einer vollkommen neuen und nicht umfassend getesteten Methode „behandelt". Des Weiteren blieben weitere Auswirkungen auf das Wohlbefinden des Patienten, einschließlich der Hinweise auf eine süchtig machende Elektrodenstimulation, vollkommen unberücksichtigt.

Die Idee, dass man beim Menschen mittels technischer Hilfsmittel Orgasmen oder angenehme Empfindungen auslösen könne, hat die Filmindustrie begierig aufgegriffen. Ich erinnere mich an den köstlichen Science-Fiction-Film „Der Schläfer", der im Jahr 2173 spielt und in dem Woody Allen die Hauptfigur Miles Monroe darstellt. Miles Monroe wird nach einer missglückten Magengeschwüroperation in einen künstlichen Tiefschlaf versetzt und 200 Jahre später (also im Jahr 2173) ins Leben zurückgeholt. Die Welt hat sich inzwischen erheblich verändert und Sex vollführt man nur noch mit speziellen Apparaturen. Eines dieser Geräte ist das Orgasmatron, mit dem sich die Menschen schnell und unkompliziert Orgasmen verabreichen. Im Film wird dieses Gerät als ein Zylinder dargestellt, der groß genug ist, um ein oder zwei Personen aufzunehmen. Die in der Zukunft lebenden Menschen nutzen diese Geräte, da fast alle Menschen in dieser Epoche impotent oder frigide sind. In diesem Film wird auch noch ein anderes Gerät verwendet: der Orgasmus-Orbit. Es ist eine silberfarbene Kugel von der Größe einer Grapefruit. Wenn die Kugel von einem Menschen berührt wird, erzeugt sie angenehme, nahezu orgastische Empfindungen. In einer Szene des Films spielt Woody Allen einen Roboterdiener, der angewiesen wird, die Kugel unter den Gästen einer größeren Gesellschaft herumzureichen. Jedes Mal, wenn einer der Gäste sie berührt, werden bei ihm oder ihr angenehme, wenn nicht gar orgiastische Empfindungen ausgelöst. Im Gegensatz zu dem Roboter, den er imitiert, ist Miles nicht immun gegen die Auswirkungen der Kugel. Er versucht jedes Mal, seine Gefühle zu verbergen, wenn er sie in der Hand hält, was ihm sichtlich schwerfällt. Er muss ja, um sich vor den anderen Menschen zu verbergen, einen gefühllosen Roboterdiener spielen. Andere Filme haben diese Idee von Orgasmus spendenden Geräten aufgegriffen (z. B. „Barbarella", „Flash Gordon" und „Demolition Man").

Wie auch immer, trotz allen medizinischen Fortschritts und der neuen Erkenntnisse der Neurowissenschaft ist es bis heute nicht perfekt gelungen, bei Menschen mit technischen Geräten, z. B. durch Stimulation des Gehirns, sicher und wiederholt Orgasmen oder sonstige dramatische Lustempfindungen auszulösen. Wir wissen vielmehr, dass die Auffassung, der Mensch würde über ein einziges Lustzentrum verfügen, viel zu einfach ist. Beim Menschen funktioniert das Zusammenspiel zwischen Lust, Drang, Bewertung, Erfahrung und sonstigen Gefühlen mitunter wie ein komplexes Orchester mit wechselnden Dirigenten und unterschiedlichen Musikern. Im Übrigen hat sich auch herausgestellt, dass auch bei den Tieren dieses Zusammenspiel viel komplizierter ist, allerdings nicht so komplex wie bei Menschen.

Trotz allem muss man festhalten, dass unser Gefühlsleben und insbesondere unsere Lustempfindungen in unserem Verhaltensinventar fest verankert sind. Hierfür haben sich im Laufe der Evolution spezielle Hirnsysteme entwickelt, die vielfach in ähnlicher Form auch bei Tieren zu finden sind. Diese Gefühle (und ihre Gegenspieler Unlust und unangenehme Gefühle) sind wichtige Steuerelemente unseres Verhaltens (siehe hier auch Abb. 2-1 in Kap. 2). Sie sind lebensnotwendig, ohne sie würden wir nicht überleben. Sie bestimmen unsere Motivation, treiben unser Verhalten an und sind für unsere Vorlieben und Abneigungen verantwortlich. Bei aller vermeintlichen Vernunft, über die wir verfügen sollen, sind wir viel stärker, als wir es wahrhaben möchten, gefühlsgesteuerte Wesen. Wir sind vor allem Wesen, die diese angenehmen Gefühle anstreben und unangenehme Gefühle vermeiden wollen. Daraus ergibt sich die grundsätzliche Frage, ob wir diese Gefühle beherrschen oder wir von ihnen beherrscht werden.

Diese Frage ist insbesondere in der heutigen digitalen Welt von herausragender Bedeutung, denn diese Welt bietet uns viele Möglichkeiten, angenehme Gefühle, ja sogar Lust zu konsumieren. Im übertragenen Sinne könnte man das Internet oder auch spezielle moderne digitale Techniken als virtuelle Elektroden auffassen, die wir (bildlich gesprochen) in das Lust- und Belohnungszentrum implantieren. Hängen wir nicht manchmal wie die Nager in Olds und Milners Versuchen an den verlockenden und zweifellos Lust spendenden Reizen, die uns die digitale Welt beschert? Können wir nicht heimlich erotische Reize oder Filme konsumieren? Pornowebseiten gehören mit zu den am häufigsten besuchten Webseiten weltweit. Virtuelle Pokerrunden, Kriege, Eroberungen oder Abenteuer sind ebenso beliebt und faszinierend wie digitale Erkundungen von Museen, das Konsumieren von Sensationsnachrichten oder das Bestaunen von Shitstorms. Nahezu jeder Wunsch kann sofort befriedigt werden. Wer interessiert sich gerade für mein Instagrambild? Habe ich eine neue E-Mail erhalten? Wie ist der aktuelle Aktienkurs? Hat meine Lieblingsmannschaft gerade ein Tor geschossen? Die Informationslust ist nahezu unbegrenzt und kann sofort ohne große Mühe befriedigt werden. Dabei kann das Surfen im Internet zu einer eigenen Lust werden, denn dabei kann uns Gewohntes, Ungewohntes und Überraschendes begegnen.

Es bleibt allerdings die Frage offen, ob wir uns an den Überfluss von Lust auslösenden Reizen gewöhnen können. Eine ähnliche Frage kann man im Hinblick auf die negativen und unangenehmen Emotionen entwickeln. Können wir uns an unangenehme Reize, die wir heute überall und jederzeit wahrnehmen, gewöhnen? Können wir die Lust und/oder die Emotionen beherrschen oder beherrschen sie uns? Damit werden wir uns im nächsten Kapitel beschäftigen. Wir haben uns ja mit dieser Frage bereits im vorherigen Kapitel auseinandergesetzt. Dort haben wir festgestellt, dass wir uns an vieles gewöhnen können. Dabei müssen wir berücksichtigen, dass wir uns nicht nur an Reize gewöhnen können, sondern auch an unsere emotionalen Reaktionen auf diese Reize. Wenn Lust spendende Reize allerorten vorhanden sind, wird es schwierig und gegebenenfalls mühselig, sich dieser Reize zu erwehren. Je einfacher und schneller Lust auslösende Reize zur Verfügung stehen, desto eher werden wir sie konsumieren, es sei denn, wir verfügen über ein sehr gut ausgestattetes Impulskontrollsystem und können Belohnungen und Lust aufschieben. Funktioniert dieses Kontrollsystem nicht mehr einwandfrei, können wir zu lustgesteuerten Wesen werden. Dann werden wir im wahrsten Sinne des Wortes zu den Sklaven unserer Lust und unserer Bedürfnisse.

Wir sind biologische Wesen, auch wenn uns dies als aufgeklärten Menschen nicht behagt. Das Lustsystem hat eine enorme Bedeutung für uns. Es treibt uns an und steuert unser Verhalten. Es ist überlebenswichtig. In der modernen digitalen Welt sind wir allerdings in Gefahr, Sklaven dieses Systems zu werden, wenn wir nicht lernen, es zu beherrschen. Heutzutage wird es dank Internet und anderen digitalen Techniken immer einfacher, ständig viele Formen der Lustauslösung zu genießen. Auch die Kosten für den Erwerb und Genuss der Lust auslösenden Reize werden dank Internet immer geringer. Nahezu alles ist möglich. Das führt zu einer zunehmenden Gewöhnung an diese Reize.

Zusammenfassung

- Bei Tieren ist ein Lustzentrum im Gehirn identifiziert worden, dessen elektrische Stimulation mit angenehmen Empfindungen verbunden ist. Wenn die Tiere Gelegenheit haben, sich selbst dort zu stimulieren, machen sie dies ohne Unterlass.
- Die Übertragung dieser Erkenntnis auf den Menschen ist bislang nicht ganz gelungen. Beim Menschen sind zwar mehr oder weniger die gleichen Hirngebiete bei angenehmen Gefühlen aktiv, aber die Gefühlsempfindungen werden noch zusätzlich durch kortikale Hirngebiete moduliert.
- Mittlerweile ist man in der Lage, die neurophysiologischen Erregungen in diesen Hirngebieten während der Erwartung und des Erlebens angenehmer Gefühle in vivo beim Menschen zu messen. Dies macht sich insbesondere die moderne Marktforschung zunutze (Neuromarketing).
- Beim Menschen werden Emotionen und vor allem die Lust erheblich durch individuelle Erfahrungen beeinflusst.
- Das Lustsystem hat eine enorme Bedeutung für uns als biologische Wesen. Es stellt sich die Frage, ob wir nicht in Gefahr sind, Sklaven dieses Systems zu werden, wenn wir nicht lernen, es zu beherrschen. Dies ist vor allem ein Problem der heutigen Zeit, denn der Genuss Lust auslösender Reize ist im Internet praktisch jederzeit möglich.

6 Impulskontrolle

*Die Herrschaft über den Augenblick ist die Herrschaft über das Leben. (Marie von Ebner-Eschenbach, 1830–1916)**

Die Fernsehserie Star Trek faszinierte nicht nur Science-Fiction-Interessierte in den 1960er- und 1970er-Jahren, sondern hat bis heute nicht ihre Anziehungskraft verloren. Besonders faszinierend war für mich immer der Vulkanier Mr. Spock, der als Offizier auf der Enterprise arbeitete. Er imponierte insbesondere aufgrund seiner Logik und bemerkenswerten Emotionslosigkeit. In der Star-Trek-Welt sind Vulkanier den Menschen im Körperbau sehr ähnlich. Ein wesentlicher Unterschied zum Menschen ist ihre hervorragende und außergewöhnliche Emotionskontrolle. Sie haben im Laufe ihrer Evolution die Fähigkeit erworben, ihre Emotionen unter Kontrolle zu halten. Aufgrund ihrer eigenen Geschichte haben sie gelernt, dass ihre starken Emotionen zu zahlreichen Kriegen auf ihrem Planeten geführt haben. Als Folge dieser Auseinandersetzungen wäre es fast zur Ausrottung der Vulkanier gekommen. Hierbei muss man voraussetzen, dass Vulkanier von Natur aus eigentlich eher impulsiv, triebgesteuert und aggressive Wesen sind. Ihre Instinkte werden jedoch durch ein spezielles Impulskontrollsystem, das sie mithilfe von Meditation und strikter mentaler Disziplin entwickelt haben, unterdrückt. Auch der bei Vulkaniern allgemein akzeptierte Verhaltenskodex, also die vulkanische Kultur, diktiert das Abschalten jeglicher Emotionen. Nur gelegentlich, z. B. zur Paarungszeit, im vorangeschrittenen Alter und bei bestimmten Krankheiten können die Emotionen überhandnehmen. In der Star-Trek-Serie werden die Vulkanier als logisch denkende, sehr gebildete und hochintelligente Wesen dargestellt, die in starkem Kontrast zu den doch unberechenbaren Menschen stehen.

---

* Verfügbar unter https://www.aphorismen.de/zitat/1539

Der Star-Trek-Schöpfer Gene Roddenberry war ein Humanist und vor allem ein Fürsprecher egalitärer Politik. Er war als US-amerikanischer Intellektueller von den politischen Geschehnissen in seiner Zeit stark beeinflusst. Man muss hierbei berücksichtigen, dass der Vietnamkrieg die amerikanische Jugend massiv aufwühlte. Gleichzeitig prallten verschiedene politische Systeme aufeinander. Vor allem das kommunistische System hatte einen anziehenden Charme auf die westliche Welt entfaltet und erfüllte vor allem viele junge Menschen mit der Hoffnung auf eine bessere und gerechte Welt.

Die Zukunftsgesellschaft, die Roddenberry beschrieb, bestand aus einer Menschheit, die enorme soziale und technische Fortschritte erzielt hat. Sie hat die meisten der heutigen und der damaligen Probleme, wie etwa soziale Ungleichheit, Rassismus, Intoleranz, Armut und Krieg, überwunden. In der Star-Trek-Welt haben die Vulkanier an der Überwindung der Menschheitsprobleme tatkräftig mitgeholfen. Während der gesamten Serie repräsentieren sie so etwas wie einen wichtigen moralischen Anker für die Menschheit.

Interessant ist, dass Gene Roddenberry in der Emotionskontrolle den wesentlichen Mechanismus sah, mit dem die Vulkanier ihre eigenen Probleme in den Griff zu bekommen schienen. Ich habe mich immer gefragt, ob dies von ihm nicht als letzter Ausweg betrachtet wurde, wenn die Menschheit aufgrund ihrer emotionalen Probleme versagen würde. Letztlich sah Roddenberry den Menschen zwar als unvollkommenes Wesen, das aber mittels der Emotionen und vor allem der Intuition gelegentlich zu Entscheidungen gelangt, die überlebenswichtig waren, zu denen ein Vulkanier nie gelangt wäre. Insofern ortete er immer noch einen kleinen Vorteil auf der Seite der Menschheit.

Emotionen und Motivationen sind für die Verhaltenskontrolle des Menschen entscheidend. Wir benötigen Emotionen, damit unser Organismus die notwendigen Ressourcen bereitstellt. Zum Beispiel wenn Gefahr besteht und wir Angst oder Aggression empfinden, muss der Organismus die notwendige Energie für die Flucht oder für den Kampf zur Verfügung stellen. Während der emotionalen Erregung verändert sich unsere Mimik und Körperhaltung, sodass unsere Mitmenschen unseren emotionalen Zustand erkennen können. Das hilft ihnen auch, um einzuschätzen, welche Verhaltensprogramme wir demnächst wirksam werden lassen. Wenn ich wütend bin, ist es sehr wahrscheinlich, dass Kampf- und Abwehrverhaltensweisen aktiviert wurden und in der Verhaltenshierarchie nach oben gewandert sind. Die in uns ablaufenden Emotionen sind auch wichtig, um den aktuellen Zustand des Körpers zu melden. Wir haben ja oben bereits gelernt, dass Gefühle durch Körperempfindungen begleitet werden. Wir empfinden Herzklopfen, Schweißausbruch oder einen grummelnden Magen. Wir bezeichnen diese Signale auch als somatische Marker. Sie werden in das Gehirn geleitet und mit individuellen Erfahrungen und Interpretationen garniert, sodass daraus individuell empfundene Emotionen werden.

Diese Marker sind also Signale von körperlichen Zuständen. Sie können allerdings auf zweierlei Art entstehen: durch tatsächlich stattfindende periphere Reaktionen oder durch die Erinnerungen, die mit diesen Reaktionen verbunden sind. Das hört sich komplexer an, als es eigentlich ist: Die erste Gruppe dieser Signale entsteht tatsächlich in den Organen und Eingeweiden (also peripher im Körper). Unser Körper überwacht die Herzfrequenzveränderungen und den Magendruck durch Nerven in den jeweiligen Organen und gibt die Informationen dann an das Gehirn weiter. Die zweite Art dieser Signale ist eine Art Als-ob-Reaktion: Wird ein bestimmter Gedächtnisinhalt aktiviert, dann aktiviert das auch die damit verbundenen Emotionen und emotional-somatischen Marker. Denken Sie beispielsweise an eine bestimmte Beerdigung, die Sie erlebt haben, dann wird nicht nur dieses traurige Ereignis in Ihrem Gedächtnis aktiviert, sondern gleichzeitig auch die emotionalen Reaktionen, die mit der Trauer einhergehen. Mit jeder emotionalen Reaktion (auch der durch die Erinnerung eingeleiteten) sind körperliche Zustände verbunden, die alle ihre spezifischen somatischen Marker als Signale melden.

Dabei ist aber wichtig, dass der Mensch nicht zwangsläufig jeder Emotion nachgeben muss. Er kann bis zu einem bestimmten Grad auswählen, welcher Emotion er nachgibt. Dazu muss er allerdings in der Lage sein, seine aktuellen Emotionen zu kontrollieren. So kann z. B. eine bestimmte Emotion zu einem bestimmten Zeitpunkt sehr stark ausgeprägt, aber für die aktuelle Situation völlig ungeeignet sein. Nehmen wir an, dass sich ein Student auf eine Prüfung am nächsten Tag vorbereiten muss. Eigentlich müsste er Texte konzentriert lesen und die Inhalte mühsam auswendig lernen. Doch kurz bevor er zu lernen beginnt, wird er zu einem Abendessen eingeladen. Gibt er der Verlockung nach, sofort und ohne Mühe einen Verstärker zu konsumieren, oder unterdrückt er diesen verlockenden Impuls und widmet sich seinem Lernstoff?

Zweifellos ist das (mögliche) Bestehen der Prüfung ein Verstärker und wird das Lernverhalten antreiben. Aber diese Verstärkung wird möglicherweise (denn sicher ist es nicht) später eintreten. Streben wir nun der eventuell später eintreffenden Verstärkung (Prüfungserfolg) entgegen oder entscheiden wir uns für den sofort zu konsumierenden Verstärker (Abendessen)? Die Fähigkeit zur Hemmung von Emotionen und Motivationen, die mit dem Erreichen und Konsumieren von direkt verfügbaren Verstärkern verbunden sind, ist eine typische menschliche Eigenschaft; es ist die Fähigkeit zum Gratifikationsaufschub (delay of gratification). Diese wird über das Impulskontrollsystem vermittelt, das wir ja schon an anderer Stelle besprochen haben (Kapitel 2, 4 und 5).

Mit diesem Impulskontrollsystem können wir über den Frontalkortex die aufsteigenden Impulse aus dem evolutionär alten Emotionsgehirn kontrollieren und gegebenenfalls auch hemmen. In den neuronalen Netzen des Frontalkortex sind soziale Regeln oder durch Erfahrung erworbene Informationen gespeichert. Dieses auch als Stirnhirn bezeichnete Hirngebiet greift in die Auswahl und Kontrolle unseres Verhaltens ein. Die Vulkanier verfügen wahrscheinlich über ein sehr leistungsfähiges absteigendes System. Vielleicht ist ihr Stirnhirn auch besonders ausgestattet. Wir wissen nicht, wie sich Gene Roddenberry die Funktionsweise der Emotionskontrolle bei den Vulkaniern vorgestellt hat. Wenn so etwas Ähnliches beim Menschen funktionieren sollte, dann müsste dies über das Stirnhirn vermittelt werden.

Das Stirnhirn ist ein recht großer Bereich des Gehirns und macht etwa ein Drittel des Gesamtvolumens des Gehirns aus. Es ist ein Teil des Neokortex, also jenes Gehirnteils, der sich beim modernen Menschen (dem Homo sapiens) besonders stark entwickelt hat. Viele meiner Kollegen argumentieren, dass das Stirnhirn jenes Hirngebiet ist, das uns zu besonderen Tieren, nämlich den Menschen macht. Das Stirnhirn reift während der Entwicklung beim Menschen bis weit über die Pubertät hinaus und erreicht erst mit circa 18 Jahren die anatomischen und funktionellen Eigenschaften eines erwachsenen Gehirns. Im Stirnhirn befinden sich Nervenzellnetzwerke, die für wichtige menschliche Fähigkeiten spezialisiert sind. Zu ihnen gehören die Kontrolle von Emotion, Motivation, Aufmerksamkeit, aber auch Selbstdisziplin, Planen von Handlungen und wichtige Sprachfunktionen. Die langsame und späte Reifung hat zur Konsequenz, dass sich bei Heranwachsenden auch diese wichtigen psychischen Funktionen noch nicht voll entfalten können.

Neben der normalen biologischen Reifung verändert sich das Stirnhirn auch als Folge des Gebrauchs und Nichtgebrauchs der dort wirksamen Nervenzellnetzwerke. Man kann also all die Funktionen, die von diesem wichtigen Hirngebiet kontrolliert werden, trainieren und damit verbessern. Das führt dann auch zu veränderten Verbindungsmustern zwischen diesen Nervenzellen.

In anderen Worten bedeutet dies: Werden diese Nervenzellnetzwerke nicht häufig genug aktiviert, also genutzt, schwächen sich diese Netzwerkverbindungen. Damit geht auch eine Verschlechterung der Leistung in den durch diese Netzwerke kontrollierten Funktionen einher. Je weniger wir Selbstdisziplin, Aufmerksamkeit, Emotions- und Motivationskontrolle nutzen, desto weniger gut können wir diese Funktionen verwenden. Man kann diesen Zusammenhang mit der Metapher „Use it or lose it" ausdrücken.

Ich frage mich, wie sich die Stirnhirne der Menschen entwickeln würden, wenn sie den aufsteigenden Impulsen aus dem Reptiliengehirn häufig nachgeben und diesen Verlockungen nicht widerstehen. Wie entwickeln sich dann die Nervenzellnetzwerke? Werden sie sich immer weiter zurückentwickeln? Verliert man dann zunehmend die Fähigkeit zur Selbstkontrolle, Emotions- und Motivationskontrolle?

Über nicht optimal funktionierende Stirnhirne verfügen auch Menschen, die unter dem Aufmerksamkeit-Hyperaktivitäts-Syndrom (AHS) leiden. Bei ihnen funktionieren die oben angesprochenen Funktionen suboptimal. Je nach Schweregrad können sie sich nicht gut konzentrieren und haben ihre Emotionen nicht unter Kontrolle. Aus diesem Grunde verabreicht man ihnen Ritalin, eine Substanz, mit der das Stirnhirn erregt wird, sodass sie nun den aufsteigenden Impulsen aus dem Reptiliengehirn mehr Aktivität entgegensetzen können. Dann gelingt es ihnen in der Regel auch, die Stirnhirnfunktionen effizienter zu nutzen. Auch neurologisch erkrankte Patienten mit Tumoren oder Degenerationen im Frontalkortex können ihr Verhalten und ihre Emotionen nicht angemessen kontrollieren.

Der französische Neurologe François Lhermitte beschrieb in den 1980er-Jahren eine Krankheit, die er „Gebrauchszwang" nannte. Die Betroffenen leiden unter Schäden im Stirnhirn. Als Folge davon verlieren sie die Fähigkeit, willentlich ihre Handlungen zu steuern. Wenn man ihnen etwas zu essen hinstellt, dann essen sie, weil sie es so gewohnt sind, ob sie hungrig sind oder nicht. Wenn man ihnen eine Brille hinlegt, setzen sie sie auf. Legt man ihnen noch eine zweite hin, setzen sie diese auf die erste. Sie können nicht anders. Sie sind ihren Gewohnheiten ausgeliefert. Sie kopieren auch mit einer bemerkenswerten Hartnäckigkeit Menschen, die ihnen gegenübersitzen. Sie greifen auch mehr oder weniger unvermittelt nach Gegenständen, die sich in ihrem Blickfeld befinden, obwohl sie sie gar nicht benötigen. Sie verhalten sich reizgetrieben, was bedeutet, dass sie den Reizen in ihrer Umwelt nachgeben müssen und nicht mehr selbstdiszipliniert und selbstkontrolliert jene wählen, die für sie von Bedeutung sind.

Werden wir bei zunehmender Nutzung der vielen anregenden Reize im Internet irgendwann die Fähigkeit verlieren, uns zu disziplinieren? Werden wir dann zu reizgetriebenen Wesen? Verlieren wir unsere innere Verhaltenskontrolle? Verlieren wir unsere Selbstdisziplin? Wir werden sehen.

Zusammenfassung

- Emotionen sind für die Verhaltenssteuerung von herausragender Bedeutung.
- Emotionen werden beim Menschen in evolutionär alten Hirnstrukturen (dem limbischen System) generiert und von kortikalen Hirngebieten moduliert.
- Die kortikalen Strukturen sind in der Lage, ein Emotionsgedächtnis zu entwickeln, sodass Emotionen mit Kulturreizen gekoppelt werden können. Des Weiteren besteht die Möglichkeit, dass über das Emotionsgedächtnis aus den übergeordneten kortikalen Strukturen Emotionen initiiert werden können.
- Das Wechselspiel zwischen den evolutionär alten Hirnstrukturen und den evolutionär jungen kortikalen Hirngebieten wird über das sogenannte Impulskontrollsystem vermittelt. Dabei können die übergeordneten kortikalen Hirngebiete (vor allem der Frontalkortex) die untergeordneten Hirnstrukturen (vor allem das limbische System) hemmen. Man spricht in diesem Zusammenhang auch von einer Top-down-Kontrolle. Damit können individuelle Erfahrungen die Ausbreitung emotionaler Erregungen kontrollieren und gegebenenfalls unterdrücken.
- Die Top-down-Kontrolle über den Frontalkortex muss allerdings geübt werden. Ohne Übung kann der Top-down-Einfluss schwach werden und die aus den Emotionszentren aufsteigenden Impulse (Bottom-up) können sich dann ungehemmt entfalten.

- Durch die ständige Verfügbarkeit Lust spendender Reize im Internet besteht die Gefahr, dass man sich diesen Bottom-up-Impulsen hingibt und sie immer weniger top-down kontrolliert. Man wird dann zu einem eher lustgetriebenen Wesen.
- Das moderne Internet und die digitalen Medien sind derart attraktiv, dass sich viele Menschen den Reizen zunehmend hingeben und damit nicht mehr die Top-down-Kontrolle praktizieren.

Reize zu stark, daher kein Top Down Kontrolle mehr

7 Erregung – Langeweile

*Denken ist herrlich, aber noch herrlicher ist die Erregung des Abenteuers. (Oscar Wilde, 1854–1900)**

Die digitale Lebenswelt beschert uns vollkommen neue Lebensplattformen. Wir können aus unserem anstrengenden oder gar langweiligen Alltag ausbrechen und Erlebnisse „genießen“, die wir im realen Leben nie oder bestenfalls selten erlebt hätten. Heutzutage ist es recht einfach, sich mit virtuellen Realitäten zu stimulieren, die die gesamte Spannbreite des menschlichen Daseins abbilden. Auch wenn diese virtuellen Erlebnisse recht einfach zugänglich sind, wird man sie umso seltener nutzen, je mehr der reale Alltag mit Zielen und Aufgaben ausgefüllt ist. Aber was ist, wenn wir nichts oder wenig zu tun haben? Wie verhalten wir uns, wenn unser Leben nicht durch interessante Aufgaben garniert ist? Welche Verhaltensalternativen bieten sich an, wenn man gelangweilt oder wohlstandsverwahrlost ist? Kann dann nicht die digitale Welt den perfekten Fluchtpunkt bieten, um der Langeweile zu entrinnen? Können wir uns damit nicht relativ bequem Interessantes, Verruchtes, Gefährliches und Unbekanntes in unsere sichere Stube holen? Werden wir dann nicht auch empfänglich für solche Informationen und lassen uns von ihnen treiben? Bevor wir diese Fragen beantworten, machen wir wieder einen kleinen Ausflug zu unseren evolutionären Verwandten. Ich hatte ja schon mehrfach darauf hingewiesen, dass wir von ihrem Verhalten sehr viel über uns erfahren können.

In vielen Gegenden Asiens werden Affen als heilige Wesen verehrt. Die Menschen versorgen diese Tiere reichlich mit Nahrung und bedrängen sie auch nicht mit ihrer Anwesenheit. Derart vom Überlebenskampf befreit, scheinen sich unsere Verwandten heftig zu langweilen. Sie hocken dann nicht regungs- und teilnahmslos auf den Straßen oder

* Verfügbar unter https://www.aphorismen.de/zitat/2029

Gebäuden herum und geben sich der Langeweile hin. Sie suchen sich vielmehr irgendwelche offenbar erregenden Freizeitbeschäftigungen. Primatenforscher haben Rhesusaffen in Indien beobachtet, die scheinbar sinnlosen Tätigkeiten nachgingen. Diese wohlgenährten und vom Überlebenskampf befreiten Affen sprangen aus großer Höhe in ein sehr schmales Wasserbecken. Dies taten sie nicht, um ihren Durst zu löschen oder sich abzukühlen. Offenbar hatten sie Spaß daran und vertrieben sich damit ihre Langeweile. Wenn man die Filmaufnahmen betrachtet, dann stockt einem der Atem, denn die Tränke ist bestenfalls 1,5 Meter breit und vielleicht 2 Meter lang. Die Affen springen aus circa 5 Meter Höhe in dieses schmale Becken, und man ist bei jedem Sprung in großer Sorge, dass sie an den steinernen Rand des Beckens aufschlagen oder ihn gar verfehlen. Ihnen ist dieses Spiel offenbar wichtiger als die Gefahr, sich zu verletzen.

Jedes Mal, wenn ich diese Filmausschnitte betrachte, denke ich zwangsläufig an die Bungeespringer, die hoch oben auf einem Podest stehen und in die Tiefe springen, in der Hoffnung, dass das an ihren Füßen befestigte Gummiband sie vor dem Aufschlag auf dem Boden bewahrt. Wahrscheinlich sucht hierbei der Wohlstandsmensch den Kick oder den Thrill, der durch den Adrenalinausstoß vor dem Sprung den Körper in Erregung versetzt. Würde ein im Überlebenskampf befindlicher junger Afrikaner, der tagtäglich für seinen Unterhalt sorgen muss, freiwillig einen Sprung mit dem Bungeeseil wählen? Was würden Menschen in Kriegsgebieten, z. B. junge Syrer, vorrangig machen? Würden sie gern Bungeesprünge ausprobieren? Sicher nicht. Ihr aktuelles Leben ist mit reichlichen Anregungen und Erregungen gefüllt. Sie benötigen keine weiteren unsinnigen Gefahrensituationen, um sich ein besonderes Gefühl zu verschaffen und den Kick der Erregung zu erleben. Sie befinden sich bereits in einem harten Überlebenskampf, der sie teilweise bis an die Grenzen des Aushaltbaren fordert. Nur im Wohlstand, wenn Langeweile aufkommt, scheint der Mensch auf die Idee zu kommen, sich seinen Schuss Erregung irgendwie anders zu beschaffen. Und dabei ist er höchst erfinderisch.

Diese Art von Freizeitaktivitäten zur Überwindung der Langeweile ist auch noch mit einigen interessanten Begleiterscheinungen verbunden. Die Angst, die auch geübte und erfahrene Bungeespringer empfinden, ist insbesondere kurz vor und am Beginn des Sprunges besonders stark. Hat man den Sprung ohne Schaden überstanden, wird die Angst in der Regel von der gegensätzlichen Emotion, also der Freude und Euphorie, quasi gegenreguliert. Man erlebt dann ein ungemein starkes Gefühl, das so im normalen Leben kaum erlebt wird. Oft wird dieses Phänomen auch mit der sogenannten Gummibandtheorie der Emotionen zu erklären versucht (siehe auch Abb. 7-1). Wird eine Emotion ausgelöst, beginnt sich leicht zeitverzögert die gegensätzliche Emotion zu entfalten, wahrscheinlich, um die erste Emotion zu regulieren und nicht zu stark werden zu lassen. Ist die erste Emotion abgeklungen, ist die zweite Emotion wegen des zeitlich verzögerten Beginns noch aktiv, diesmal allerdings ohne gegensätzlichen Konkurrenten. Deshalb erleben wir nach dem Überstehen unangenehmer Situationen starke Euphoriegefühle, die durchaus süchtig machen können.

Vielleicht ist Ihnen der Film „The Deer Hunter" geläufig. Da muss eine Figur ein russisches Roulette überstehen. Es geht hier um ein Spiel, bei dem sich die Spieler einen Revolver an die Stirn halten und abdrücken müssen, ohne zu wissen, ob sich eine Kugel im Revolverlauf befindet. Die Hauptfigur in diesem Film übersteht einige dieser lebensbedrohenden

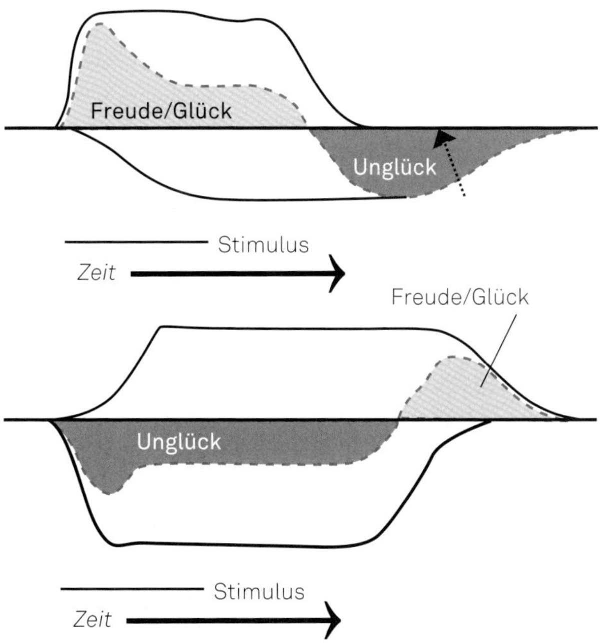

Abbildung 7-1: Schematische Darstellung der Gummibandtheorie der Emotionen.

Situationen und ist danach erleichtert, ja euphorisch, dem Tode so gerade eben entronnen zu sein. Das macht ihn offenbar süchtig nach diesem Euphoriegefühl, sodass er sich freiwillig solchen Spielen aussetzt.

Primaten, also auch der Homo sapiens, scheinen offenbar ein bestimmtes Erregungsniveau zu benötigen. Ist es nicht erreicht, suchen sie sich Situationen, die ihnen die nötige Erregung bescheren. Das individuelle Bedürfnis nach Erregung hängt von einem Motiv ab, das man auch als Unternehmungslust bezeichnet. Ist die tatsächlich empfundene Erregung schwächer als die erforderliche Unternehmungslust, tritt Langeweile ein. Dann sucht der Organismus Situationen auf, um die Unternehmungslust zu befriedigen, also die empfundene Erregung zu steigern. Das Verhalten, das uns Erregung bescheren soll, nennen die Verhaltensbiologen Appetenzverhalten. Dieses Verhaltensmuster ist dadurch gekennzeichnet, dass der Organismus Beschäftigungen sucht. Diese Suche kann durchaus kreativ sein und zu interessanten neuen Aufgaben und Problemlösungen führen. Einstein soll ein schönes Beispiel hierfür gewesen sein, denn offenbar war er 1905 in Bern als kleiner Beamter im Patentamt unterfordert und hat sich gelangweilt. Möglicherweise sind ihm in der Langeweile die ersten Ideen gekommen, die zu seiner Relativitätstheorie geführt haben.

Das soll aber nicht bedeuten, dass Langeweile grundsätzlich zu kreativen und herausragenden Leistungen führt. In der Regel kommen Menschen und Affen auf merkwürdige, ja eher skurrile Ideen – man würde auch sagen, sie machen Blödsinn –, die letztlich keinen wirklich biologischen Sinn haben. Langeweile ist ein Kennzeichen für zu wenig Erregung. Sind wir nicht in eine Art „Überlebenskampf" eingebunden, kommt Langeweile auf. Dabei ist es nicht wichtig, ob wir im ursprünglichen Sinn um unser Überleben kämpfen müssen. Auch wenn wir keine anspruchsvollen Ziele haben und unser Leben keine Herausforderungen bietet, entsteht Langeweile. Dann suchen wir als Ersatz andere Quellen der Erregung, die aber in den meisten Fällen eher weniger sinnvoll sind. Sich in einer Wohlstandswelt ohne Druck behaupten zu müssen, lässt schnell andere Themen, eigentlich eher merkwürdige, wichtig werden.

Ich möchte keinem zu nahe treten, aber wenn man im wahrsten Sinne des Wortes nichts zu tun hat, dann werden Nebensächlichkeiten immer interessanter. Dann interessiert man sich auf einmal für die Geschehnisse bei „Big Brother", labt sich am Schicksal der „Auswanderer", die im Rahmen von diversen Fernsehformaten dargeboten werden, stöbert auf Instagram, verfolgt die Hochzeit von Heidi Klum oder konzentriert sich auf die eigene Darstellung auf Instagram. Wie gesagt, ich will keinem zu nahe treten, und jeder kann seine Erfüllung suchen, wo und wie er will, solange er der Gesellschaft keinen Schaden zufügt. Aber für diese Tätigkeiten einen biologischen oder existenziellen Sinn zu finden, fällt mir schwer.

Aber was passiert, wenn wir zu stark erregt sind? Wenn wir uns in Situationen befinden, die uns zu stark belasten, und wenn unsere Erregung zu stark und kaum noch handhabbar wird, fliehen wir aus dieser Situation. Wir nennen dieses Verhalten in der Fachsprache Vermeidungsverhalten (oder Aversionsverhalten). Solche Situationen sind unangenehm und von Gefühlen wie Angst oder Ärger begleitet. In diesem Zusammenhang ist auch interessant, dass wir die oben angesprochenen Gefühle (Annäherung oder Vermeidung) nur dann empfinden und in entsprechendes Verhalten fließen lassen, wenn die Abweichungen von der individuell vorgegebenen Unternehmungslust deutlich sind. Leichte Abweichungen, gerade bei Übererregungen, können durchaus als angenehm, prickelnd, anspornend, ja interessant bewertet und empfunden werden, vor allem dann, wenn wir uns in keiner offensichtlichen Gefahr befinden oder glauben, keiner echten Bedrohung ausgesetzt zu sein.

Wir haben gesehen, dass dieses Erregungssystem in uns fest etabliert ist und für unser Verhalten weitreichende Konsequenzen hat. Die in diesem System beschriebene Unternehmungslust ist eine Führungsgröße, die individuell unterschiedlich angelegt ist und sich auch im Verlauf eines Menschenlebens verändern kann. Auffällig ist, dass die Unternehmungslust einem typischen Reifungsverlauf folgt. Bei der Geburt ist die Unternehmungslust (und die damit verbundene Erregungssuche) minimal oder gar nicht vorhanden. Die Babys benötigen im Wesentlichen Sicherheit und Zuwendung. Mit zunehmender Reifung nimmt die Unternehmungslust zu und erreicht ihren Höhepunkt ungefähr in der Pubertät. Dann klingt sie langsam wieder ab und bleibt auf einem individuellen mittleren Niveau mehr oder weniger lebenslang konstant.

Dieses Maximum der Unternehmungslust während der Pubertät ist sehr wahrscheinlich einer der Gründe, warum Jugendliche in der Pubertät „so sind, wie sie sind“ (siehe Abb. 7-2). Sie sind eher abenteuerlustig, suchen nach Freiheit und lösen sich vom Elternhaus. Dabei sind sie in der Regel auch etwas waghalsiger, interessierter, neugieriger, aber auch

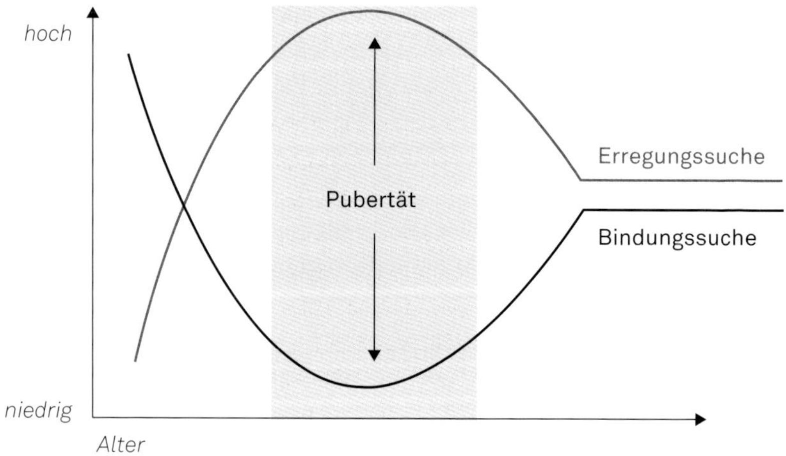

Abbildung 7-2: Schematische Darstellung des Reifungsverlaufs des Erregungs- und Bindungsmotivs.

vertrauensvoller zu fremden Personen. Diese besondere Reifungszeit im Leben eines Menschen hat viele Gemeinsamkeiten mit den pubertären Perioden bei anderen Säugetieren. Auch diese Tiere sind während der Pubertät viel draufgängerischer.

Der berühmte emeritierte Züricher Bindungsforscher Norbert Bischof[1] hat diese Lebensphase und die dort wirksam werdenden psychologischen Kräfte als eine wichtige Ablösungsphase vom Elternhaus beschrieben. Die Jungtiere wie auch die heranwachsenden Menschen müssen sich von ihren Eltern trennen, um die Inzuchtwahrscheinlichkeit gering zu halten. Ungeachtet dieser biologisch so wichtigen Bedeutung müssen wir anerkennen, dass Jugendliche bzw. Pubertierende in dieser Reifungsphase sehr anfällig für Neues und Anregendes sind, egal, wie sinnvoll und lebenswichtig diese Anregungen sind. Hauptsache erregend und anders als das, was die Eltern bzw. die Kerngruppe so macht. Allerdings hängt der Radius des Entfernens von der Kerngruppe auch von der bereits erlebten bzw. befriedigten Bindung ab. Je stärker das Bindungsmotiv befriedigt wurde, desto weiter wagen sich die Heranwachsenden von der Kern-

1 Bischof, N. (1985). *Das Rätsel Ödipus. Die biologischen Wurzeln des Urkonfliktes von Intimität und Autonomie*. München: Piper Verlag.

gruppe fort. Im Falle einer Bedrohung bewegen sie sich allerdings wieder schnurstracks zur Kerngruppe zurück. Bei bindungsschwachen Heranwachsenden ist der Bewegungsradius um die Kerngruppe deutlich geringer. Eigentlich wollen sie nichts erleben und hängen ständig am Rockzipfel der Mutter oder verweilen in der Kerngruppe.

Wichtig in diesem Zusammenhang ist auch, dass die Unternehmungslust individuell unterschiedlich stark ausgeprägt sein kann. Das hängt von angeborenen Persönlichkeitseigenschaften und individuellen Erfahrungen ab. Wir müssen aber noch einige weitere Aspekte im Zusammenhang mit dem Erregungssystem besprechen, damit wir die möglichen Auswirkungen der Internetwelt auf unser Verhalten und Denken besser verstehen.

Erregung empfinden wir auch im Zusammenhang mit unserem Sicherheitsbedürfnis. Das Sicherheitsbedürfnis wird bei uns Menschen über das in unserem Gehirn etablierte Sicherheitssystem geregelt. In diesem System sind zwei Größen wichtig: Vertrautheit und Nähe. Die Nähe zu einem vertrauten Objekt, einer vertrauten Situation und einer vertrauten Person erzeugt Sicherheit. In vertrauten Situationen und in der Nähe von vertrauten Personen halten wir uns gerne auf. Zu viel Vertrautheit, vor allem über lange Zeiträume, kann aber auch Langeweile erzeugen, dann entsteht Überdruss und wir begeben uns auf die Suche nach etwas Erregendem.

Das sind dann solche Situationen, die wir oben bereits bei den indischen Äffchen kennengelernt haben. Vertrautheit kann sich aber auch mit der Zeit entwickeln, denn wir können uns an alles Mögliche gewöhnen. Wir gewöhnen uns an die unterschiedlichsten Lebensumstände. Der Mensch lebt mittlerweile nahezu überall: auf Bergen, in großen Höhenlagen, auf dem Wasser, auf Inseln und neuerdings sogar im Weltraum. Manch einer liebt das windig-stürmische Wetter auf den friesischen Inseln und fühlt sich pudelwohl, wenn der Wind pfeift und die Wellen an die Deiche peitschen (Theodor Storms „Schimmelreiter“ lässt grüßen). Andere lieben die kuschelige Wärme in Südspanien oder bevorzugen die Eislandschaften in Grönland. Kürzlich sah ich eine Reportage über Menschen, die in den unterirdischen Katakomben in Los Angeles leben, da sie nicht über genügend finanzielle Mittel verfügen, um sich ein „normales“ Leben an der Oberfläche zu leisten. Diese Reportage offenbarte, dass sich diese Menschen in den unwirtlichen Gegenden recht wohlzufühlen scheinen. Sie betrachten ihre Lebensumgebung als ihr vertrautes Zuhause und sind durchaus zufrieden. Wir können uns an vieles gewöhnen. Das ist nichts Ungewöhnliches, sondern Ausdruck der enormen Anpassungsfähigkeit des Menschen.

Wir werden uns auch an die Internetwelt gewöhnen. Eigentlich haben wir das schon bewerkstelligt bzw. wir sind auf dem Wege, uns an all das, was uns das Internet bietet, zu gewöhnen. Es wird uns zunehmend vertrauter und spendet, so kurios das auch klingen mag, Sicherheit. Wir sind mit Google, WhatsApp, Facetime und Skype genauso vertraut wie mit Instagram, Snapchat, Facebook und Twitter. Das ist unsere neue Welt, in der wir leben, mit der wir kommunizieren. Sie spendet uns Sicherheit, und eigenartigerweise vertrauen wir ihr, obwohl diese Welt uns ausspioniert, uns bloßstellt und manipuliert.

Aber auch die dort transportierten Inhalte werden uns immer vertrauter. Wir sehen Mord und Totschlag, werden ungewöhnlicher Ereignisse gewahr, die sich in der Welt abspielen und denen wir in unserem „normalen" Leben nie begegnen würden. Denken Sie bloß an die vielen Kriegsberichterstattungen, an denen wir tagtäglich live per Fernsehen und YouTube teilnehmen können. Noch zu den viktorianischen Zeiten saß das britische Bürgertum morgens oder abends bei einer gemütlichen Tasse Tee und las in wohlgeformten Formulierungen Berichte über die kriegerischen Ereignisse im britischen Empire. Nur selten werden sich die Leser wirklich in die schrecklichen Geschehnisse hineinversetzt haben, denn letztlich war alles doch so fern und unwirklich. Wie in einem Roman, in dem tragische Ereignisse nicht wirklich fassbar, sondern eher in Häppchen genossen werden und sich schnell mit angenehmeren Inhalten abwechseln. Die Bewertung kriegerischer Auseinandersetzungen durch Zivilisten, die sich nicht im Krieg befinden, hat sich erst geändert, als Reporter als sogenannte „eingebettete" Berichterstatter direkt von den Ereignissen in Bild und Ton davon berichten konnten. Diese Berichterstattungen haben dann die politische Bewertung in der Heimat maßgeblich beeinflusst, was auch mit der Wortneuschöpfung „Heimatfront" verbunden ist. So geschehen im Vietnamkrieg.

Trotz der Tatsache, dass uns solche Kriegsberichterstattungen betroffen machen, sind wir von ihnen merkwürdig fasziniert. Sie erregen uns auf eine befremdlich anziehende Art. Auf YouTube findet man unzählige Videos von kriegerischen Auseinandersetzungen aus dem Irak- und Syrienkrieg, die auf mehrere 100.000 bis Millionen Klicks kommen. Sie gehören zu den am meisten betrachteten Videos. Irgendwie scheinen wir uns daran zu ergötzen. Das ist keine Entwicklung, die sich ausschließlich heutzutage abspielt, sondern sie ist offenbar typisch für uns Menschen. Hinrichtungen und tödliche Kämpfe waren im Mittelalter und in der Antike Anziehungspunkte für große Menschenansammlungen. Denken wir mal an die Gladiatorenkämpfe und Schlachten, die in den römischen Arenen dargestellt wurden. Das waren Ereignisse, die große Menschenmassen begeisterten. Hinrichtungen wurden mitunter wie Volksfeste gefeiert. Sofern wir nicht direkt beteiligt sind und nicht um unser Leib und Wohl fürchten müssen, wiegen wir uns in Sicherheit und können aus sicherer Entfernung dem Schauspiel zuschauen. Die Faszination des Todes und der Qual ist für uns, auch wenn wir es uns nicht wirklich bewusst eingestehen wollen, etwas merkwürdig Spezielles, mitunter Anziehendes.

In diesem Zusammenhang sind vor allem junge Menschen aufgrund ihrer Gehirnreifung besonders anfällig. Sie sind ja eigentlich noch vollkommen unerfahren in allgemeinen Lebensdingen. Viele gefährliche Situationen werden sie noch nicht erlebt haben. Wenn sie dann quasi virtuell Kriege führen, gegen Panzer kämpfen, Flugzeuge fliegen, Monster besiegen, gefährliche Menschen töten, tolle Leistungen erbringen und dabei nie in Mitleidenschaft gezogen werden, ist das ja eine höchst spannende und interessante Sache. Man gewinnt immer mehr Sicherheit in einer unwirtlichen kompetitiven, aber virtuellen Welt. Sie kann dann zunehmend zu einer Art Normalität werden.

Besteht dann nicht die Gefahr, dass wir uns von der realen Welt entkoppeln und Sicherheit in der virtuellen Welt suchen und finden? Sind wir dann nicht dabei, die Lebensfähigkeit im realen Leben zu verlieren? Wie kommunizieren wir mit unseren Sozialpartnern? Wann soll man wie kämpfen? Ist es sinnvoll, zu schlagen und zu töten, oder soll man lieber reden? Wie verhalten sich reale Menschen in realen Situationen? Sind die Internetinformationen real oder gestellt? Welche Menschen stellen sich auf Instagram dar – und sind dies echte Menschen? Ich könnte diese Fragen nahezu unendlich fortsetzen. Es geht letztlich darum, ob die virtuelle Welt des Internets uns nicht zu sehr von der realen Welt entfernt. Verlieren wir nicht unsere Überlebensfähigkeit in der echten Welt?

Zusammenfassung

- Auch Affen empfinden Langeweile. Dann spielen sie oder geben sich erregenden und durchaus gefährlichen Tätigkeiten hin.
- Auch der Mensch sucht in bestimmten Lebenssituationen erregende, gelegentlich sogar gefährliche Situationen auf. Dies macht er allerdings nur, wenn Langeweile aufkommt. Bei der Suche nach Erregung ist er höchst erfinderisch.
- Erregungen sind oft mit gegensätzlichen Emotionen assoziiert. Empfindet man z.B. während einer gefährlichen Freizeitaktivität Angst, dann wird diese in der Regel von der gegensätzlichen Emotion, also der Freude, gegenreguliert. Man erlebt dann nach der Angst ein ungemein starkes Euphoriegefühl, das so im normalen Leben kaum erlebt wird (Gummibandtheorie der Emotionen).
- Primaten, also auch der Homo sapiens, scheinen offenbar ein bestimmtes Erregungsniveau zu benötigen. Ist es nicht erreicht, suchen sie sich Situationen, die ihnen die nötige Erregung bescheren.
- Das individuelle Bedürfnis nach Erregung hängt von einem Motiv ab, das man auch als Unternehmungslust bezeichnet.
- Langeweile (also wenig Erregung) ist nicht zwingend angenehm und produktiv. Während der Langeweile kommen Menschen und Affen auf merkwürdige, ja eher skurrile Ideen.
- Bei zu starker Erregung vermeiden wir die erregende Situation (Vermeidungsverhalten). Solche Situationen sind unangenehm und von Gefühlen wie Angst oder Ärger begleitet.
- Die Unternehmungslust ist für die Kontrolle der Erregung eine wichtige Führungsgröße, die individuell unterschiedlich angelegt ist und sich auch im Verlauf eines Menschenlebens verändern kann.
- Die Unternehmungslust verändert sich während der Reifung. Bei der Geburt ist sie minimal oder gar nicht vorhanden. Mit zunehmender Reifung nimmt die Unternehmungslust zu und erreicht ihren Höhepunkt ungefähr in der Pubertät. Dann klingt sie langsam wieder ab und bleibt auf einem individuellen mittleren Niveau mehr oder weniger lebenslang konstant.
- Das Maximum der Unternehmungslust während der Pubertät ist sehr wahrscheinlich einer der Gründe, warum Jugendliche so abenteuerlustig, waghalsig, interessiert, neugierig und vertrauensvoll sind.

- Während der Pubertät sind Jugendliche bzw. Pubertierende anfällig für Neues und Anregendes, egal, wie sinnvoll und lebenswichtig diese Anregungen sind. Hauptsache erregend und anders als das, was die Eltern bzw. die Kerngruppe so macht.
- Die Unternehmungslust ist individuell unterschiedlich stark ausgeprägt. Das hängt von angeborenen Persönlichkeitseigenschaften und individuellen Erfahrungen ab.
- Erregung empfinden wir auch im Zusammenhang mit unserem Sicherheitsbedürfnis. Das Sicherheitsbedürfnis wird bei uns Menschen über das in unserem Gehirn etablierte Sicherheitssystem geregelt. In diesem System sind zwei Größen wichtig: Vertrautheit und Nähe. Die Nähe zu einem vertrauten Objekt, einer vertrauten Situation und einer vertrauten Person erzeugt Sicherheit.
- Wir können uns an vieles gewöhnen. Das ist nichts Ungewöhnliches, sondern Ausdruck der enormen Anpassungsfähigkeit des Menschen. Wir werden uns auch an die Internetwelt gewöhnen. Eigentlich haben wir das schon bewerkstelligt bzw. wir sind auf dem Wege, uns an all das, was uns das Internet bietet, zu gewöhnen. Es wird uns zunehmend vertrauter und spendet, so kurios das auch klingen mag, Sicherheit.
- Aber auch die dort transportierten Inhalte werden uns immer vertrauter. Wir sehen Mord und Totschlag, werden ungewöhnlicher Ereignisse gewahr, die sich in der Welt abspielen und denen wir in unserem „normalen" Leben nie begegnen würden.
- Gerade junge Menschen sind aufgrund ihrer Gehirnreifung besonders anfällig, sich an virtuelle unangenehme Situationen zu gewöhnen und mit ihnen vertraut zu werden. Dies ist allerdings mit der Gefahr verbunden, sich zunehmend der realen Welt zu entkoppeln und Sicherheit in der virtuellen Welt zu suchen und zu finden. Sind wir dann nicht dabei, die Lebensfähigkeit im realen Leben zu verlieren?

8 Empathie – Sozialverhalten

*Eine Träne zu trocknen ist ehrenvoller, als Ströme von Blut zu vergießen. (George Gordon Byron, 1788–1824)**

Ein enger Freund von mir hat sich mit großem Engagement seinem Medizinstudium gewidmet und mit Erfolg abgeschlossen. Der Beginn seiner Assistenzen war für ihn nicht ganz so problemlos, denn die medizinische Realität in einem Krankenhaus ist insbesondere für einen jungen und unerfahrenen Arzt herausfordernd, wenn nicht gar belastend. Als Arzt sieht man viele leidende Menschen, denen man teilweise nur bedingt helfen kann. Der Tod, auch der qualvolle, ist allgegenwärtig. Diese ersten Jahre waren für meinen Freund emotional recht schwierig, sodass er oft unter Schlafproblemen und depressiver Stimmung litt. Ihm gingen die Schicksale seiner Patienten sehr nahe und er litt im wahrsten Sinne des Wortes mit ihnen. Er machte sich ernsthaft Gedanken darüber, ob er diesen Beruf weiter ausüben könne, denn die emotionalen Belastungen hielt er für kaum ertragbar. Er hat sich dann seinen Kollegen geöffnet, und sie haben ihm erläutert, dass es ihnen anfänglich teilweise ähnlich ergangen sei, und ihm vorausgesagt, dass er sich mit der Zeit daran gewöhnen würde. So hat er sich zunehmend persönlich aus den Behandlungen herausgenommen und die medizinischen Kontakte eher intellektuell verarbeitet. Er baute also eine Art professionelle Distanz zu seinen Patienten auf. Nach und nach gelang es ihm besser und er litt nicht mehr so intensiv mit. Er blieb trotz allem immer einfühlsam und war den Patienten wohlwollend zugetan. Kurzum, er ist heute ein hervorragender Arzt, den ich jedem Kranken empfehlen kann. Aber an seiner Entwicklung erkennt man eindrücklich, dass man in der Lage ist, sich vor der schieren Masse an Leid zu schützen. Eigentlich ist man sogar gezwungen, sich davor zu

* Verfügbar unter https://www.aphorismen.de/zitat/18793

schützen. Hat man mit allen Menschen Mitleid und fühlt mit, dann wird die eigene Handlungsfähigkeit und das eigene Leben erheblich beeinträchtigt. Empathie kann man offenbar nur für wenige, vor allem für nahestehende Personen entwickeln.

Für die psychologische und neurowissenschaftliche Forschung ist Empathie die Fähigkeit und Bereitschaft, Empfindungen, Emotionen, Gedanken, Motive und Persönlichkeitsmerkmale einer anderen Person zu erkennen, zu verstehen und nachzuempfinden. Während früher Empathie mit Mitleid, Trauer, Schmerz und Hilfsbereitschaft aus Mitgefühl gleichgesetzt wurde, legt die moderne Hirnforschung eher Gewicht auf weitere wichtige Aspekte. Ein wesentlicher Aspekt der Empathie ist die Wahrnehmung der eigenen Emotionen. Je besser man seine eigenen Emotionen wahrnimmt, desto müheloser deutet man die Gefühle anderer und kann auf sie eingehen. Die Leipziger Hirnforscherin Tania Singer hat den Unterschied zwischen Empathie und Mitgefühl treffend herausgearbeitet:

> *Empathie ist eher wie eine Resonanzfähigkeit – man teilt ein Gefühl mit einem anderen Menschen, ist aber der Gefahr ausgesetzt, überwältigt zu werden und in empathischen Stress zu geraten. Mitgefühl dagegen hat eine andere Qualität. Es hat etwas von der Fürsorge einer Mutter, die ihr Kind tröstet, und ist verbunden mit positiven, beruhigenden und liebevollen Gefühlen. Während die spontane Empathie mit dem Leid anderer zu emotionaler Erschöpfung führen kann, ist unter den gleichen Umständen das aktive Mitgefühl belohnend und trainierbar.*[1]

Der amerikanische Psychologe Paul Bloom formuliert dies in anderen Worten, aber nicht minder treffend: „Empathie heißt: Ich fühle das, was ein anderer Mensch fühlt. Mitgefühl bedeutet: Ich kümmere mich um den anderen, ich sorge für ihn.“[2] Er führt weiter aus, dass das Mitgefühl Aus-

---

1 Brüning, A. (2014, 31. März). Hirnforschung: „Mitgefühl lässt sich trainieren“. Interview mit Tania Singer. *Berliner Zeitung*. Zugriff am 8. November 2020 unter https://www.berliner-zeitung.de/zukunft-technologie/hirnforschung-mitgefuehl-laesst-sich-trainieren-li.6179

2 Gielas, A. (2015, 17. Dezember). „Empathie blendet uns“. Interview mit Paul Bloom. *Die Zeit*. Zugriff am 15. November 2020 unter https://www.zeit.de/2015/49/psychologie-empathie-terror-mitgefuehl-interview/komplettansicht?utm_referrer=https%3A%2F%2Fde.wikipedia.org%2F

druck der Vernunft sei, die zwischen dem spontanen, distanzlosen Mitempfinden und dem kalt-distanzierten Verstand vermittelt.

Mitleid und Empathie sind offenbar zwei verschiedene psychologische Zustände mit gänzlich unterschiedlichen Konsequenzen für die Beteiligten. Empathie ist eine wichtige Fähigkeit, die uns anregt, eher jenen Menschen zu helfen, die uns ähneln, die ähnliche Erfahrungen gemacht haben und die eher zu unserer eigenen Gruppe gehören. Menschen, die uns fremd sind, z.B. die aus einer anderen Kultur oder einer anderen Gruppe stammen, ignorieren wir eher. Für Fremde empfinden wir dann mehr Mitgefühl statt Empathie. Das erklärt die Wandlung meines Arztfreundes. In der Regel wünschen sich Patienten Ärzte, die Verständnis für ihre Situation aufbringen. Wenn sie aber empathisch wären, wäre dies für die Behandlung eher ungünstig, denn wir wollen ja nicht, dass die Ärzte dasselbe empfinden wie wir Patienten, also Lebensängste, Zweifel und Sorgen. Sie sollen so vernünftig wie möglich, aber dem Patienten zugewandt reagieren und sich nicht selbst durch Gefühle leiten lassen. Das ist für ihren Beruf von herausragender Bedeutung. Empathie ist dagegen eher ein Mechanismus, der Gruppenmitglieder zusammenschweißt und ihr Verhalten und ihre Gefühle synchronisiert. So etwas spielt sich z.B. innerhalb einer Familie oder zwischen engen Gruppenmitgliedern ab.

Erinnern wir uns doch noch einmal an die Ausführungen bezüglich der Evolution und der Wanderung des Homo sapiens durch die Welt. Die Menschen haben sich vor vielen 10.000 Jahren auf den Streifzug durch die Welt aufgemacht. Dabei schlossen sie sich zu kleinen Gruppen zusammen, in denen sie praktisch ein Leben lang verhaftet blieben. In diesen Minigruppen entstand eine enge Bindung zwischen den Gruppenmitgliedern, denn man war auf Gedeih und Verderb ein Leben lang miteinander verbunden. Es gab ja keine anderen Menschen, auf die man sich verlassen konnte, außer jenen, mit denen man seinen ganzen Tag verbrachte. Diese Gruppenmitglieder waren gezwungen, sich im wahrsten Sinne des Wortes miteinander zu verschweißen und zu synchronisieren. Dabei ist zu berücksichtigen, dass die sprachlichen Ausdrucksfähigkeiten vor 70.000 Jahren nicht so differenziert waren wie heute. Das bedeutet, die Menschen waren vor allem auf nonverbale Kommunikationsmittel angewiesen. Ihre Sorgen, Nöte, Ängste und anderen Emotionen mussten die Gruppenmitglieder recht genau erkennen und auf diese eingehen. Dies war insbesondere für die Beziehung zwischen Heranwachsenden und Eltern von herausragender Bedeutung. Das Wechselspiel zwischen gesendeter und empfangener Emotion musste perfekt funktionieren, um den Heranwachsenden die nötige Sicherheit und Bindung zu bieten. Die andere Variante des altruistischen Sozialverhaltens, das Mitgefühl, ist eher auf die Randmitglieder der Gruppe beschränkt. Beide Varianten setzen voraus, dass man die Emotionen des anderen erkennt und versteht. Bei der Empathie leidet und freut man sich mit dem Mitmenschen. Das kann insbesondere bei unangenehmen Emotionen sehr belastend sein. Bei angenehmen Emotionen wie Liebe und Zuneigung wird dieser Gleichklang von Gefühlen als erfüllend und ungemein bereichernd erlebt.

Wissenschaftliche Arbeiten von Hirnforschern haben gezeigt, dass bei Empathie und Mitgefühl andere Hirngebiete aktiviert werden. Wenn man Probanden Bilder zeigt, auf denen zu sehen ist, wie einer nahestehenden Person mit einem scharfen Gegenstand in den Finger gestochen wird, sieht man beim Betrachter Aktivitäten im Schmerzzentrum. Diese Probanden empfinden den Schmerz des anderen buchstäblich im eigenen Nervensystem nach. Dies ist ein typisches Anzeichen für Empathie. Und die wird nicht nur bei körperlichen Verletzungen aktiviert. Solche empathischen Reaktionen treten auch bei anderen unangenehmen und angenehmen Ereignissen auf. Etwa wenn jemand wegen einer Scheidung sehr leidet, dann ist er problemlos und spontan in der Lage, den Kummer eines anderen Geschiedenen mitzuempfinden.

Bei Mitleid ist die eigene Erfahrung mit den Emotionen bzw. Situationen nicht ausschlaggebend. Wir sehen eine Person in Not und haben das Bedürfnis, zu helfen. Man empfindet auch Mitleid für misshandelte Tiere, obwohl man ihren Schmerz nicht nachempfinden kann. Bei der Empathie leidet man selbst mit, beim Mitgefühl dagegen ist man innerlich freier, kann klarer denken und entscheiden – für Ärzte und Hilfspersonen die beste Voraussetzung, fremden Menschen zu helfen. Beiden Varianten des Sozialverhaltens ist aber gemein, dass man die Emotionen des anderen erkennt, akzeptiert und darauf eingeht.

Aber was haben diese vielleicht eher akademischen Erläuterungen über Mitgefühl und Empathie mit der heutigen Internetwelt zu tun? Haben sich unser Mitgefühl und unsere Empathie verändert? Haben diese beiden für uns Menschen so wichtigen psychologischen Funktionen vielleicht sogar abgenommen? In den letzten Jahren sind einige umfangreiche Untersuchungen publiziert worden, die sich mit dem Wandel des Einfühlungsvermögens und Mitleids auseinandergesetzt haben. Bei diesen Studien handelt es sich um Fragebogenuntersuchungen, weshalb man sie mit einiger Zurückhaltung interpretieren muss. Die Studienteilnehmer waren angehalten, spezielle Fragebogen zu bearbeiten, mit denen Einstellungen zu Empathie, Mitleidsfähigkeit, Perspektivenübernahme und emotionaler Betroffenheit gemessen werden. Leider sind diese Fragebogen meist älteren Datums, sodass sie hinsichtlich der gemessenen Einstellungen nicht mehr der neusten Forschung zu Empathie und Mitgefühl entsprechen. Aber sie geben dennoch Einblick in die Entwicklung des aktuellen Sozialverhaltens.

Die vielleicht bemerkenswerteste Studie zu diesem Themenkomplex wurde 2010 publiziert. Es handelt sich hierbei um eine Metaanalyse, in der die Ergebnisse von 72 Stichproben von US-amerikanischen Studenten (insgesamt 13.737 Personen!), die zwischen 1979 und 2009 untersucht worden sind, zusammengefasst wurden.[3] Gemessen wurde „Empathie“ (allerdings noch in einer eher allgemeinen und nicht so differenzierten Art, wie ich es oben beschrieben habe), „Perspektivenübernahme“, „Fantasiefähigkeit“ und „Persönliche Emotionsbelastung“. Die in dieser Studie erfasste „Empathie“ reflektiert, wie ausgeprägt man in der Lage ist, Gefühle wie Mitleid oder Sorge für Menschen in Not zu erkennen. Im Grunde ist dies nach der neuen Definition eher ein Maß für Mitgefühl. Mit der „Perspektivenübernahme“ wird die Fähigkeit erfasst, spontan einen Sachverhalt aus der psychologischen Perspektive des anderen zu sehen. Also man misst so etwas wie eine Art Rollenübernahmefähigkeit. Die „Fantasiefähigkeit“ erfasst, wie gut man sich in die Gefühlswelt von Figuren in Romanen und Filmen hineinversetzen kann. Der vierte gemessene Aspekt ist die „Persönliche Emotionsbelastung“. Sie beschreibt eigene Gefühle im sozialen Kontakt mit anderen Menschen wie Unruhe und Unwohlsein. Die Autoren fanden, dass die selbst eingeschätzte „Empathie“ (oder Mitgefühl) bei den amerikanischen Studenten über die letzten Jahre erheblich gesunken war, gefolgt von der Fähigkeit zur „Perspektivenübernahme“. Die beiden anderen psychologischen Einstellungen („Fantasiefähigkeit“ und „Persönliche Emotionsbelastung“) veränderten sich im Laufe der Zeit nicht. Zusätzliche Analysen ergaben, dass die Rückgänge bei der „Perspektivenübernahme“ und der „Empathie“ relativ

3 Konrath, S.H., O'Brien, E.H. & Hsing, C. (2011). Changes in dispositional empathy in American college students over time: A meta-analysis. *Personality and Social Psychology Review, 15* (2), 180–198.

neu sind und am stärksten in Stichproben aus der Zeit nach 2000 zu beobachten sind.

Was sind die Ursachen für diesen bemerkenswerten Rückgang des Mitleids und der Empathie? Die Autoren sind in ihren Interpretationen zurückhaltend, denn es ist ihnen klar, dass es schwierig ist, aus solchen Daten klare Schlussfolgerungen zu ziehen. Aber sie bieten einige plausible Erklärungen an, die mit der modernen Internetwelt und deren Nutzung durch die jungen Generationen zusammenhängen. Sie argumentieren, dass sich mit der Empathie auch andere Einstellungen bei den amerikanischen Studenten verändert haben. So ist z. B. der Narzissmus[4], der negativ mit Empathie korreliert ist, bei diesen Stichproben in einem ähnlichen Zeitraum gestiegen. Auch andere Verhaltensweisen und Einstellungen haben sich in eine Richtung verschoben, die mit einem Rückgang der Empathie vereinbar sind. So gaben beispielsweise 81 % der 18- bis 25-Jährigen in einer Umfrage von 2006 an, dass das Reichwerden zu den wichtigsten Zielen ihrer Generation gehört. 64 % nannten es als das wichtigste Ziel von allen. Im Gegensatz dazu wählten nur 30 % die Hilfe für andere, die Unterstützung benötigen.[5] Tatsächlich haben Kritiker der aktuellen Generation junger Erwachsener ihnen eine Vielzahl von abfälligen Spitznamen gegeben, die von „Generation Me“ bis zur „Generation Look At Me“ reichen. Die allgemeine Botschaft dieser Arbeiten ist konsistent: Junge Erwachsene bilden heute eine der selbstbewusstesten, wettbewerbsfähigsten und individualistischsten Kohorten der jüngeren Geschichte.

Die wachsende Fokussierung auf das Selbst äußert sich auch in anderen Merkmalen. So gaben z. B. mehr als 90 % der amerikanischen Erwachsenen an, dass es wichtig sei, das freiwillige Engagement zu fördern. Hatten sie aber weitere Wahlmöglichkeiten, entschied sich mehr als die Hälfte der Befragten für das Lesen, Fernsehen und den Besuch von Schwiegereltern. Freiwilligenarbeit oder Spenden an wohltätige Organisationen waren dann nicht mehr so wichtig. Ebenso geben junge Erwach-

---

4 Umgangssprachlich und alltagspsychologisch bedeutet Narzissmus im weitesten Sinne Selbstverliebtheit und Selbstbewunderung eines Menschen. Der Mensch hält sich für wichtiger und wertvoller, als andere ihn einschätzen.

5 Pew Research Center. (2007). *How young people view their lives, futures, and politicals: A portrait of generation next*. Washington, DC: Pew Research Center. Zugriff am 15. November 2020 unter https://www.pewresearch.org/politics/2007/01/09/a-portrait-of-generation-next/

sene im Alter von 18 bis 25 Jahren unter allen Altersgruppen immer den geringsten Geldbetrag für wohltätige Zwecke aus, was allein im Jahr 2005 weniger als 1,5 % ihres Nachsteuer-Einkommens entspricht. Eine andere Studie ergab, dass nur 3 von 10 jungen Erwachsenen innerhalb eines bestimmten Jahres an die Kirche spenden, während der Prozentsatz der älteren Personen, die spenden, doppelt so hoch war, selbst wenn man unterschiedliche Einkommen berücksichtigt. Freiwilligenarbeit und karitative Spenden sind bei jungen Erwachsenen konstant niedrig und sind in den 2000er-Jahren deutlich zurückgegangen. Womöglich hängt dies mit dem Rückgang der Empathie zusammen. Diese Entwicklungen sind im Übrigen unabhängig von wirtschaftlicher Not.

Neben rückläufiger Freiwilligenarbeit und wohltätigen Spenden unterstützen andere gesellschaftliche Trends die Vermutung, dass das Mitgefühl nachlässt.[6] Rauschtrinken, Fahren unter Alkoholeinfluss und alkoholbedingte Todesfälle haben von 1998 bis 2006 deutliche Steigerungen erfahren. Außerdem ist die Zahl der alkoholbedingten Körperverletzungen durch Studenten trotz intensiver Interventionen konstant geblieben und hat nicht abgenommen. Mobbing ist in US-amerikanischen Schulen weitverbreitet, wobei die Mobbingquote von Frauen in jüngster Zeit dramatisch zugenommen hat. Hierbei ist zu bedenken, dass die Tendenz zu mobben und die Einstellung zu Empathie und Mitgefühl negativ miteinander korrelieren. Insofern kann der Anstieg der weiblichen Mobbingfälle eine Folge des deutlichen Rückgangs der Empathie und des Mitgefühls sein.

Vermutlich hängen diese Veränderungen mit dem fortschreitenden Medienkonsum zusammen. Am offensichtlichsten ist die Explosion der „sozialen" Medien. Friendster wurde 2002, MySpace 2003, Facebook 2004, YouTube 2005 und Twitter 2006 entwickelt. Im Gegenzug haben fast 50 % der amerikanischen Internetnutzer inzwischen soziale Online-Profile. Laut einem Bericht ist die Zeit, die für soziale Netzwerke aufgewendet wird, ab 2009 um 82 % höher als in den Vorjahren. In ähnlicher Weise ist die Nutzung von Mobiltelefonen dramatisch gestiegen: Der durchschnittliche amerikanische Teenager sendet und empfängt heute bis zu 1.500 SMS pro Monat, und fast alle Heranwachsenden nutzen ihre

6 Alle hier erwähnten Befunde sind der folgenden Arbeit entnommen: Konrath, S. H., O'Brien, E. H. & Hsing, C. (2011). Changes in dispositional empathy in American college students over time: A meta-analysis. *Personality and Social Psychology Review, 15* (2), 180–198.

Telefone nicht nur zum Telefonieren, sondern auch zum Spielen und Hören von Musik. Diese Technologie ist allgegenwärtig: Mehr als 100 Millionen Menschen greifen mit dem Handy auf Facebook zu und mehr Amerikaner als je zuvor berichten heute über die gleichzeitige Nutzung von Fernsehen und Internet. Darüber hinaus verfügen 29,9 % der Haushalte in den USA, die im Besitz von Fernsehapparaten sind, inzwischen über mindestens vier Flimmerkisten. Eine mehrjährige Forschungsstudie ergab, dass der durchschnittliche Amerikaner einem Anstieg der medialen Gesamtinformation außerhalb der Arbeit um 350 % im Vergleich zu vor 30 Jahren ausgesetzt ist.[7]

Auch in der Schweiz hat sich der Medienkonsum in den letzten Jahren erheblich verändert. Praktisch alle Jugendlichen in der Schweiz besitzen ein eigenes Handy und die große Mehrheit verfügt über einen eigenen Computer oder Laptop.[8] Das Handy ist für die Jugendlichen ein täglicher Begleiter. 99 % geben an, täglich oder mehrmals pro Woche davon Gebrauch zu machen. Auch das Internet wird von fast allen Jugendlichen täglich oder mehrmals pro Woche genutzt. Die große Mehrheit nutzt mindestens mehrmals pro Woche soziale Netzwerke, hört sich Musik an und schaut Videos im Internet. Bei den weiteren Tätigkeiten streuen die Nutzungshäufigkeiten stärker. Gut zwei Drittel aller Schweizer Jugendlichen geben an, mindestens mehrmals pro Woche fernzusehen, und noch knapp die Hälfte hört mehrmals pro Woche Radio und macht digitale Fotos. Zeitungen und Zeitschriften (online oder auf Papier) werden von mehr als der Hälfte der Jugendlichen nie oder nur selten gelesen und auch Fitnesstracker, Hörspiele/Hörbücher, E-Books und Smartwatches werden nur wenig genutzt. Für die große Mehrheit der Jugendlichen ist das Internet ein täglicher Begleiter: 96 % der Jugendlichen nutzen das Netz täglich oder mehrmals pro Woche. Gemäß ihrer eigenen Einschätzung verbringen Jugendliche an Wochentagen 2 Stunden und 30 Minuten im Internet. Am Wochenende steigt die geschätzte tägliche Internetzeit auf 4 Stunden. Die Jugendlichen nutzen ihre digitalen Geräte im Wesentlichen zur

---

7 Bohn, R. & Short, J. (2009). *How much information? Report on American consumers.* Zugriff am 6. November 2020 unter https://www.researchgate.net/publication/242562463_How_Much_Information_2009_Report_on_American_Consumers/link/5644d6b008ae451880a885c4/download

8 Die Swisscom-JAMES-Studie wird alle 2 Jahre durchgeführt und dokumentiert das Medienverhalten Schweizer Jugendlicher. Hier stütze ich mich auf die JAMES-Studie von 2018.

Unterhaltung und nutzen in erster Linie soziale Netzwerke (z. B. Facebook, Twitter, Instagram) und Videoportale (z. B. YouTube). Rund die Hälfte der Jugendlichen nutzt zudem regelmäßig die Möglichkeit, Filme, Dokumentationen oder Serien zu streamen (z. B. Netflix). Suchmaschinen wie Google werden von 44 % täglich oder mehrmals pro Woche zu Unterhaltungszwecken genutzt, während 42 % regelmäßig einfach drauflossurfen. Fast ein Drittel nutzt Portale von TV-Sendern (z. B. srf.ch) täglich oder mehrmals pro Woche zur Unterhaltung. Radio übers Internet und Portale von Zeitungen oder Zeitschriften (z. B. 20 Minuten online) werden insgesamt nur selten zur Unterhaltung genutzt. Ich möchte dies an dieser Stelle nicht unnötig ausweiten und eine mit Zahlen überlastete wissenschaftliche Arbeit verfassen. Mir geht es vielmehr darum, anzudeuten, wie intensiv moderne Medien gerade von den Jugendlichen genutzt werden. Ich habe hier etwas dezidierter die JAMES-Studie aus der Schweiz und Daten aus den USA berichtet. Im Grunde sind die Befunde insbesondere für den mitteleuropäischen Lebensraum mehr oder weniger identisch.

Wie oben bereits angedeutet, ist der Rückgang der Empathie und des Mitgefühls sehr wahrscheinlich durch die zunehmende Mediennutzung im Alltag bedingt. Offensichtlich haben diese Veränderungen das Leben aller, die Zugang zu ihnen haben, grundlegend verändert. Man muss in diesem Zusammenhang bedenken, dass der Mensch im Zuge der Evolution als ein Sozialwesen konzipiert wurde, bei dem Vertrauen und Kooperation wichtige Verhaltenselemente sind. Der Mensch investiert sehr viel Ressourcen in den Aufbau und Erhalt von Vertrauen und in kooperatives Verhalten. Dazu hat er im Laufe der Evolution eine fein abgestufte und sehr differenzierte soziale Kommunikation entwickelt, die sich auf mehreren Ebenen entfaltet (Mimik, Gestik, Verhalten, Sprache und Emotionen). Soziale Kommunikation ist schwierig und fragil, da sie auch mit bewussten Täuschungen überlagert ist. Wir Menschen sind nicht nur empathisch und mitleidsfähig, sondern auch egoistische Monster. Insofern versuchen wir ständig unsere Umwelt zu unserem Vorteil zu manipulieren. Aus diesem Grunde müssen wir aus den verbalen und nonverbalen Informationen die korrekten herausfiltern und die Täuschungsversuche erkennen. Gerade diese Fähigkeit des Filterns relevanter verbaler und nonverbaler Signale geht meines Erachtens durch die moderne Mediennutzung zunehmend verloren. Vor allem trainieren wir sie nicht mehr in ausreichendem Maße. Dies gilt insbesondere für jene, die sich intensiv, wenn nicht gar metastatisch in den sozialen Medien tummeln.

Die Kommunikation des Menschen hat sich im Zuge der Evolution zu einem komplexen symmetrischen (also gegenseitigen) Austausch von Signalen entwickelt. Diese Melange von Signalen füttert unseren Emotionsapparat und lässt unter anderem Mitleid und Empathie entstehen. Im Internet ist Empathie (im originären Sinne) praktisch kaum möglich, da wir die meisten Menschen dort entweder gar nicht oder nur oberflächlich kennen. Insofern können wir kaum tiefe emotionale Beziehungen zu diesen eigentlich fremden Menschen aufbauen. Des Weiteren surfen wir meistens mehr oder weniger anonym im Internet. Bestenfalls geben wir unsere Identität oder Persönlichkeit nur oberflächlich preis. Weiterhin sehen wir unsere Kommunikationspartner meistens nicht, sodass wichtige soziale Signale fehlen. Im Grunde sind die Menschen im Internet nichts anderes als Avatare, also keine echten, physikalisch präsenten Menschen, sondern irgendwelche digitalen Wesen, die nicht wirklich fassbar sind. Deshalb fällt es uns auch so leicht, fremde Menschen zu beleidigen und zu kritisieren. Mobben wird dann zu einem Kinderspiel, zumindest für denjenigen, der mobbt. Der Gemobbte allerdings muss mit den persönlichen Angriffen irgendwie zurechtkommen. Die meisten Menschen leiden aber erheblich darunter.

Bei so viel Zeit, die damit verbracht wird, sich mit anderen online und nicht in der Realität auszutauschen, hat sich wahrscheinlich die zwischenmenschliche Dynamik verändert. Es wird zunehmend im Netz kommuniziert, was dazu führt, dass viele Kontakte beliebiger werden. Des Weiteren fallen auch viele Kommunikationskanäle fort, die wir eigentlich zu nutzen gewohnt sind. Bei gleichzeitiger Zunahme der Nachrichten, die wir heute an unsere Freunde und Kollegen senden, entfällt immer weniger Kommunikation auf echte Face-to-Face-Kontakte. Man kommuniziert fast ausschließlich mit WhatsApp, SMS, E-Mail, Facebook oder über andere digitale Kanäle. Dabei sieht man seine Kommunikationspartner nicht mehr direkt vor sich. Man sieht keine mimischen Veränderungen, Gesten und Körperhaltungen. Kurzum: Die Kommunikation wird zunehmend auf einen einzigen, meistens schriftlich-verbalen Informationskanal beschränkt.

Hinzu kommt noch ein weiterer misslicher Umstand. So, wie viele hierbei ihre Sprache nutzen, muss man sich gelinde gesagt wundern, dass die Empfänger diese Nachrichten überhaupt verstehen. Grammatik und Orthografie werden von den meisten Nutzern kaum noch beherrscht oder zumindest nicht mehr korrekt angewendet. Die Nachrichten sind oft kurz und werden auf dem Handy mit 2 bis 3 Fingern in aller Eile getippt. Auch Wortneuschöpfungen, die eigentlich nicht eindeutig sind, werden häufig genutzt (z.B. jol). Diese Veränderungen führen zu einer Vereinfachung bzw. Verkümmerung des sprachlichen Ausdrucks. Die Differenziertheit des sprachlichen Ausdrucks wird im normalen kommunikativen Alltag, wenn man seinem Gesprächspartner auch real begegnet, durch Gestik und Mimik ergänzt. Durch den Nichtgebrauch der nonverbalen Kanäle verlieren wir die Übung und das Geschick, diese Informationen zu nutzen. Wir erkennen die Mimik und Gestik anderer Menschen blitzschnell, und zwar ohne dass wir ein spezielles Training darin erfahren haben. In der Regel wirken diese nonverbalen Signale ungefiltert und treffen auf unser Emotionssystem, ohne dass wir uns ihnen entziehen können. Ein weinendes Gesicht löst bei uns mehr aus, als wenn jemand sagt „Ich bin traurig". Auch lachende Gesichter sind prototypische Reize, die bei uns automatisch angenehme Reaktionen hervorrufen. Wir können sogar echtes von unechtem Lachen sehr gut unterscheiden.

Diese nonverbalen Signale führen dazu, dass wir uns emotional auf unseren Gesprächspartner einstellen und unsere verbalen Signale mit Bedacht wählen. Wir sind dadurch einfühlsamer und verständiger im Gespräch. Fallen die nonverbalen Signale fort und verkümmert gleichzeitig die verbale Kommunikation, amputieren wir uns praktisch kommunikativ. Wir kommunizieren verstümmelt und laufen Gefahr, unser Gegenüber nicht korrekt zu verstehen oder es sogar unhöflich anzusprechen. Man kann um einiges grausamer mit seinen schriftlichen Äußerungen sein, als wenn man etwas Problematisches im direkten Gespräch mit seinem Gesprächspartner erläutert.

Stellen Sie sich ein Kündigungsschreiben vor, in dem der Chef seinem Angestellten in verkümmerter Form mitteilt, dass seine Mitarbeit nicht mehr gewünscht sei. Man kann diese unangenehme Botschaft sprachlich verkümmert, differenziert oder im direkten Gespräch übermitteln. Ich bin ziemlich sicher, dass ein direktes Gespräch, das einfühlsam und verständig geführt wird, bei dem Empfänger die größte Akzeptanz und damit auch die geringste Ablehnung hervorrufen wird. Vielleicht werden wir durch die intensive Internetnutzung und insbesondere durch die Nutzung der Kommunikationssysteme zu Kommunikationszombies.

Man wird sehen. Ich bin allerdings davon überzeugt, dass wir heute bereits die ersten Anzeichen dieser verkrüppelten Kommunikation bemerken. Mobbing und Shitstorm sind meines Erachtens typische Anzeichen für die verkrüppelte Kommunikation im Internet. Dass sich dadurch Empathie und Mitgefühl verändern, wenn nicht gar verschlechtern, erscheint mir einleuchtend.

Ein weiterer aktueller Aspekt verändert unser Mitgefühl und unsere Empathie. Es ist jetzt einfacher, vermeintliche Freunde und Beziehungen online aufzubauen. Diese Kontakte werden aber im wirklichen Leben eher selten in reibungslose soziale Beziehungen umgesetzt. Auch verfügen moderne Menschen (zumindest in den USA) über eine deutlich geringere Anzahl von ihnen nahestehenden Menschen, denen sie ihre privaten Gedanken und Gefühle mitteilen können.[9] Die schiere Masse von miteinander verbundenen Online-Freunden, die sich ohne große Mühe als „Freunde" „liken", lässt uns im Hinblick auf deren Einzelschicksale abstumpfen. Wir können gar nicht so viele „Freunde" verarbeiten. Für die Freundschaftspflege müssen wir sehr viel Aufwand betreiben, um Bindung und Vertrauen entstehen zu lassen und auch zu erhalten.

Alternativ besteht die Möglichkeit, dass die Einfachheit und Geschwindigkeit dieser neuen Technologien dazu führen, dass Menschen frustrierter oder gelangweilter werden. Dies vor allem, wenn die Kontakte nicht wie geplant verlaufen, was mit weniger einfühlsamen Interaktionen verbunden ist. Darüber hinaus haben die Menschen vielleicht einfach keine Zeit mehr, sich an andere zu wenden und Empathie auszudrücken in einer Welt, die voll von wuchernder Technologie ist, die sich um persönliche und narzisstische Bedürfnisse und Selbstdarstellung dreht.

Wenn wir zu viel mit immer den gleichen Informationen bombardiert werden und wenn wir unentwegt Berichte über Gewalt, Krieg und Terrorismus über die modernen Medien erhalten, werden wir irgendwann einmal einfach abstumpfen. Die Inhalte der Medien – von Nachrichtenberichten über Videospiele bis hin zum Fernsehen – handeln zunehmend von Gewalt. Aus dieser Perspektive erscheint ein Rückgang der Empathie verständlich.

Ein weiteres Nebenprodukt dieser Trends könnte ein erhöhtes persönliches Bedrohungsgefühl aufgrund von Erfahrungen mit Mediengewalt sein. Dies könnte zu unrealistischen Ängsten vor Kriminalität und Terro-

---

9 McPherson, M., Smith-Lovin, L. & Brashears, M. E. (2006). Social isolation in America: Changes in core discussion networks over two decades. *American Sociological Review, 71,* 353–375.

rismus führen. Vor allem prominentere öffentliche Gewalttaten, wie die vom 11. September 2001, verstärken die Vorurteile gegen die Außenwelt. Kurz gesagt: Da die Mediennutzung in den letzten 10 bis 20 Jahren explodiert ist, könnte dies negative Auswirkungen auf die zwischenmenschlichen Beziehungen entfaltet haben. Eine plausible Möglichkeit wäre, dass sich Menschen mehr um sich selbst und weniger um andere kümmern, was letztlich auch zu einem Rückgang des Mitgefühls führen kann.

Die oben dargestellten Befunde und Vermutungen sind sicherlich besorgniserregend. Man muss allerdings bei der Bewertung dieser Ergebnisse berücksichtigen, dass die meisten wissenschaftlichen Arbeiten zu diesem Thema aus dem US-amerikanischen Raum stammen und an Studenten durchgeführt wurden. Ob auch andere Stichproben, z. B. bestehend aus älteren Personen, sich ähnlich verhalten und empfinden, ist unklar. Des Weiteren ist zu bedenken, dass sich der Medienkonsum und die Verwendung von modernen mobilen Apps besonders schnell in den USA ausgebreitet hat, vor allem deswegen, weil ja der größte Teil der App-Entwicklung diesen Breitengraden entstammt. In Europa sind allerdings ähnliche Entwicklungen eingetreten, sodass die Unterschiede nicht so groß sein dürften.

Zusammenfassung

- Professionelle Ärzte sind nicht emotional kalt, sondern sie zeigen Mitgefühl. Sie erkennen die Gefühle und Sorgen der Patienten. Sie leiden aber nicht und empfinden nicht die gleichen Gefühle. Deshalb sind sie in der Lage, bei der Behandlung sachlicher und damit zielführender zu agieren.
- Die moderne Hirnforschung und die psychologische Forschung definieren Empathie und Mitgefühl unterschiedlich. Empathie heißt: Ich fühle das, was ein anderer Mensch fühlt. Mitgefühl bedeutet: Ich kümmere mich um den anderen, ich sorge für ihn. Die Hirnforschung hat auch gezeigt, dass Empathie und Mitgefühl von unterschiedlichen Hirngebieten verarbeitet werden.
- Empathie hat im evolutionären Kontext eine gruppenbildende Funktion. Über Empathie werden die Gruppenmitglieder zusammengeschweißt. Dadurch synchronisieren sich die Gruppenmitglieder anhand ihrer Gefühle. Sie empfinden die gleichen Gefühle. Dieser Gefühls-

gleichklang ist insbesondere für enge Gruppenmitglieder und für den Zusammenhalt zwischen Eltern und Kindern von herausragender Bedeutung. Mitgefühl ist eher reserviert für gruppenfremde Personen. Man kann z.B. Mitgefühl für ein leidendes Tier hegen, ohne dessen Gefühle nachvollziehen zu können.

- Eine mittlerweile berühmte Empathiestudie aus den USA an einer sehr großen Studentenstichprobe belegt einen Rückgang der Empathie und des Mitgefühls vor allem von 2000 bis 2009. In dieser Studie wurde ein spezielles Befragungsinstrument verwendet, das noch nicht explizit zwischen Empathie und Mitleid unterscheidet. Nach heutiger Sicht haben die Autoren eher die subjektiv empfundene Stärke des Mitgefühls gemessen.
- Diese Abnahme der Empathie bzw. des Mitgefühls wird mit anderen Einstellungsveränderungen in Verbindung gebracht. Man findet nämlich Zunahmen von Narzissmus und Egoismus. Man spricht deswegen auch häufig von der „Generation Me“ und der „Generation Look At Me“. Aber auch Rauschtrinken, Fahren unter Alkoholeinfluss, alkoholbedingte Todesfälle und Mobbing haben bei US-amerikanischen Jugendlichen zugenommen.
- Die zunehmende Mediennutzung vor allem von mobilen Geräten ist vermutlich für das veränderte Sozialverhalten verantwortlich.
- Als psychologische Erklärungen kommen folgende Aspekte in Betracht: Veränderung der zwischenmenschlichen Dynamik, Verkrüppelung der Kommunikation und Abstumpfung gegenüber unangenehmen Informationen.

9 Sind wir Multitasker?

*Konzentriere dich in deinem Leben auf wesentliche Dinge und lebe mit dir und der Welt in Harmonie. (Seneca, etwa 1–65 n. Chr.)**

9.1 Kein Unterschied zwischen Frauen und Männern

Vor Kurzem durfte ich wieder ein mediales Ereignis miterleben, das mir verdeutlichte, wie erheblich doch in unserem kollektiven Bewusstsein Stereotype und Vorurteile verhaftet sind. Auslöser war eine Pressemitteilung, dic von einer Studie der RWTH Aachen berichtete.[1] Und zwar hatten die Kollegen herausgefunden, dass sich Männer und Frauen nicht in verschiedenen Multitasking-Aufgaben unterscheiden. Es handelte sich um eine solide durchgeführte Studie, in der die Autoren auch ihre Befunde elegant in den bereits existierenden Wissenskontext einsortiert hatten. Bemerkenswert ist allerdings, dass es nicht die erste Studie ist, die hinsichtlich der Multitasking-Leistung keinen Unterschied zwischen Männern und Frauen herausgearbeitet hatte. Aber es war einer der ersten und neueren Studien, die ihren Weg in das öffentliche deutschsprachige Bewusstsein gefunden haben. In der Folge dieser Pressemitteilung erhielt ich viele Anfragen von Journalisten, die diese Befunde offenbar als Sensation empfanden. Sie erhofften sich ein Statement und eine Einordnung der Befunde, da sie sie offenbar als ungewöhnlich auffassten. Vor allem Journalistinnen stürzten sich hoch motiviert auf dieses Thema. Sie waren erstaunt, als ich ihnen mitteilte, dass es für mich vollkommen nachvoll-

---

* Verfügbar unter http://www.sprichworte-der-welt.de/sprichworte_aus_europa/italienische_sprichworte/Seneca_Zitate.html

1 Hirsch, P., Koch, I. & Karbach, J. (2019). Putting a stereotype to the test: The case of gender differences in multitasking costs in task-switching and dual-task situations. *Plos One, 14* (8), e0220150.

ziehbar sei, dass kein Geschlechtsunterschied im Hinblick auf Multitasking-Leistungen gefunden wurde.

Welcher biologische Sinn würde es notwendig machen, dass Frauen bessere Multitasker wären? Obwohl der nicht vorhandene Geschlechtsunterschied der Aufhänger für dieses Presseinteresse war, gelang es mir, die Aufmerksamkeit der Journalisten auf das eigentlich wichtigere Ergebnis zu lenken. In dieser wie in den vielen anderen Studien zum Multitasking offenbart sich eindeutig, dass wir (Männer wie Frauen) miserable Multitasker sind. Wir sind nicht in der Lage, viele Aufgaben gleichzeitig zu bearbeiten, ohne dass wir Fehler machen. Im Grunde steht uns für die Bewältigung von kognitiven Aufgaben nur eine beschränkte Menge an geistiger Kapazität zur Verfügung. Wenn wir mehrere Aufgaben bearbeiten, versuchen wir, diese in kleine Teile aufzuteilen und sie dann nacheinander zu bearbeiten. Dabei teilen wir die uns zur Verfügung stehende geistige Kapazität zwischen den Prozessen auf. Manche Aufgaben benötigen wenig Kontrollaufwand, andere dafür mehr. Anforderungen, die wenig Kontrollaufwand benötigen, sind Tätigkeiten, die wir vollends oder teilweise automatisiert haben. Deswegen können wir sie auch sehr gut im Alltag gemeinsam mit anderen Aufgaben bearbeiten.

Ein typisches Beispiel ist das Autofahren, zumindest bei jenen, die bereits viel Übung darin haben. Sie fahren nahezu automatisch, ohne dass sie für die einzelnen Steuervorgänge viel Aufmerksamkeit aufwenden müssen. In der Regel wird während des Fahrens gesprochen, Musik gehört oder Sonstiges gemacht. Fahrstrecken, die man regelmäßig fährt, z. B. der Weg von zu Hause zur Arbeit und zurück, sind derart verinnerlicht, dass wir sie mehr oder weniger unbewusst fahren. Oft können wir gar nicht mehr bewusst nachvollziehen, wem oder was wir während der Fahrt begegnet sind. Solche hochgeübten und automatisierten Tätigkeiten erwecken den Eindruck, dass man sie parallel mit anderen hochgeübten Hantierungen bewerkstelligt. Auch das gleichzeitige Bearbeiten einer kontrollierten und automatisierten Tätigkeit gelingt uns recht gut, da wir ja dafür wenig Kontrollaufwand benötigen. Wenn wir aber zwei Aufgaben mehr oder weniger gleichzeitig zu bewältigen haben, die beide bewusste Kontrolle verlangen, müssen wir unsere geistige Kapazität zwischen den jeweiligen Kontrollprozessen hin- und herschalten. Im Englischen nennt man das Task-Switching.

9.2 Das Problem Multitasking

Wenn wir mehrere Aufgaben gleichzeitig bewältigen müssen, dann erfordert das erheblichen geistigen Kontrollaufwand. Dabei sind wir gezwungen, unsere gesamte Aufmerksamkeit auf das Kontrollieren dieser Tätigkeiten zu lenken. Dies erfordert aber auch, dass wir störende und ablenkende Anforderungen und Reize unterdrücken bzw. ihnen nicht nachgeben. Wir sind gezwungen, sie zu hemmen. Die Hemmung irrelevanter Verarbeitungen wird im Wesentlichen vom Stirnhirn bzw. den dort lokalisierten Netzwerken bewerkstelligt. Diese neuronalen Netzwerke sind Bestandteil des Impulskontrollsystems, das wir ja bereits an anderer Stelle beschrieben haben (Kap. 3, 4 und 5). Nun, diese Bemerkungen mögen dem Leser verdeutlichen, dass Multitasking etwas Mühsames ist, das wir nicht wirklich beherrschen. Es ist eine anspruchsvolle Tätigkeit, die mit erheblichem geistigem Kontrollaufwand verbunden ist.

Wir sind eher Wesen, die sich auf die Durchführung einer oder ganz weniger Aufgaben konzentrieren müssen. Wir müssen unsere Aufmerksamkeit und unsere geistige Kapazität bündeln, um sinnvolle und erfolgreiche Aufgabenbewältigung zu ermöglichen. Dies erfordert aber Training der Aufmerksamkeit und Selbstdisziplin.

Welche Konsequenzen hat das für den modernen Menschen, der sich insbesondere in der faszinierenden und anregenden Internetwelt bewegt? Die Internetwelt ist vollgepfropft mit interessanten Informationen. Wir ersticken an der schieren Menge der zur Verfügung stehenden Apps, Social-Media-Angebote, Streaming-Dienste und Kommunikationsmöglichkeiten. Praktisch jede Zeitung und jede Presseagentur auf dieser Welt ist im Internet unterwegs. Mittlerweile nutzen wir nicht nur einen Laptop, sondern auch noch Handy und Tablet. Unsere digitalen Geräte sind darüber hinaus mit unzähligen Apps für nahezu alle möglichen Aufgabenbereiche ausgestattet. Wir nutzen nicht nur Schreibprogramme, sondern digitale Varianten von To-do-Listen, Notizbücher, Tagebücher, Musikangebote, Lexika, Navigationsprogramme und vieles mehr. WhatsApp, Messenger, Facebook, Instagram, Snapchat, Tinder und viele andere Programme komplettieren die „elegante“ Nutzung der digitalen Welt.

Amerikanische Teenager (13 bis 18 Jahre alt) berichten von einer täglichen Beschäftigung mit Medien und Technologie von fast 9 Stunden, ohne die Zeit, die sie mit diesen Medien in der Schule oder für Hausaufgaben verbringen. Amerikanische Tweens (8 bis 12 Jahre alt) berichten von fast 6 Stunden pro Tag.[2] Betrachtet man die Zeit, die Jugendliche damit verbringen, mehrere Medienstreams gleichzeitig zu jonglieren („Media-Multitasking"; 29 % der gesamten Medienzeit)[3], so liegt der Durchschnitt der Jugendlichen bei 11 Stunden des täglichen Medienkonsums. Dieses Phänomen ist nicht auf die amerikanische Jugend beschränkt, da in anderen Ländern ein ähnliches Ausmaß an Medienkonsum gemeldet wird.[4] Insbesondere das Medien-Multitasking-Verhalten nimmt deutlich zu und hat sich von 1999 bis 2009 fast verdoppelt (von 16 auf 29 % der gesamten Medienzeit).

Werden wir (und insbesondere die Heranwachsenden) jetzt Multitasker, die elegant etliche E-Mails bearbeiten, während wir nahezu simultan WhatsApp-Nachrichten beantworten und schnell mal bei Netflix nachschauen, welche Serie wir heute Abend nutzen? Werden wir jetzt zu Multitaskern, die aufgrund der vielen interessanten Möglichkeiten lernen, diese zahlreichen Informationen simultan zu bewältigen?

Diese Fragen werden vor allem vor dem Hintergrund bedeutsam, dass das menschliche Gehirn bis zum 20. Lebensjahr entscheidend reift. Vor allem das Stirnhirn (also der vordere Teil des Gehirns) entwickelt sich recht langsam. In diesem Hirngebiet befinden sich jene neuronalen Netzwerke, die für die Kontrolle von Aufmerksamkeit, Emotion, Motivation und Selbstdisziplin verantwortlich sind. Des Weiteren muss man bedenken, dass das menschliche Gehirn bemerkenswert formbar ist. Individuelle Erfahrungen verändern nicht nur die Hirnaktivität, sondern auch die neuroanatomischen Grundlagen, wobei diese Formbarkeit insbesondere bei jungen Menschen besonders stark ausgeprägt ist. Vor diesem Hintergrund muss man sich fragen, ob konsistentes Multitasking mit Medien und Technologie wie ein Gehirntraining wirkt und einen nachhaltigen Einfluss auf die geistige und anatomische Entwicklung der Jugendlichen ausübt. Auch für erwachsene und voll entwickelte Gehirne ist es möglich, dass die häufige Interaktion mit gleichzeitigen Medienströmen die Kogni-

---

2 Common Sense. (2015). *The Common Sense census: Media use by tweens and teens.* Zugriff am 16. November 2020 unter https://www.commonsensemedia.org/sites/default/files/uploads/research/census_researchreport.pdf

3 Rideout, V. J., Foehr, U. G. & Roberts, D. F. (2010). *Generation M2: Media in the lives of 8- to 18-year-olds.* Menlo Park, CA: The Henry J. Kaiser Family Foundation.

4 Kononova, A. & Chiang, Y.-H. (2015). Why do we multitask with media? Predictors of media multitasking among internet users in the United States and Taiwan. *Computers in Human Behavior, 50,* 31–41.

tion, das Verhalten und die neuronale Architektur beeinflusst. Denkbar ist auch, dass bereits bestehende individuelle Unterschiede in den zugrunde liegenden kognitiven und neuroanatomischen Profilen zu unterschiedlichen Mustern der Mediennutzung führen.

9.3 Multimedia-Nutzung bei Stanford-Studenten

Um einige dieser Fragen zu beantworten, haben vor einigen Jahren kognitive Psychologen der Stanford-Universität eine bemerkenswerte Studie durchgeführt und publiziert, die bis heute nicht nur in der Fachwelt heftig diskutiert wird.[5] In ihrer Arbeit haben sie eine große Gruppe von Stanford-Studenten hinsichtlich des Medienverhaltens untersucht. Hierzu haben sie einen neu entwickelten Fragebogen genutzt, mit dem sie das Medien-Multitasking maßen. Dieser Fragebogen zur Mediennutzung erfasste die gleichzeitige Nutzung von 12 Medienströmen (Printmedien, TV, Video auf einem Computer, Musik, nicht musikalische Audio-, Video- oder Computerspiele, Telefon, IM/Chat, SMS, E-Mail, Lesen am Computer und andere Computeranwendungen). Medien-Multitasking wurde definiert als die gleichzeitige Nutzung von zwei oder mehr Medienströmen. Die Häufigkeit von Multitasking wurde dann zu einem besonderen Kennwert (dem Media-Multitasking-Index, MMI) verrechnet.

Anhand dieses Fragebogens identifizierten die Forscher zwei Extremgruppen von Mediennutzern: die Heavy-Media-Multitasker (Personen, die Medien-Multitasking intensiv betreiben) und die Light-Media-Multitasker (Personen, die Medien-Multitasking sporadisch betreiben). Beide Gruppen bearbeiteten dann eine Reihe von Standard-Multitasking-Aufgaben. Solche Aufgaben werden weltweit für verschiedene Fragestellungen für den Bereich der klinischen Psychologie, der klinischen Neuropsychologie und der Fahreignungsdiagnostik eingesetzt. Entgegen der Erwartung erzielten diejenigen, die Medien-Multitasking intensiv betrieben, die schlechtesten Ergebnisse in diesen Multitasking-Aufgaben, vor allem bei den schwierigen Aufgaben. Diejenigen, die sporadisch Multitasking betrieben, erzielten dagegen gute bis sehr gute Ergebnisse.

5 Ophir, E., Nass, C. & Wagner, A. D. (2009). Cognitive control in media multitaskers. *Proceedings of the National Academy of Sciences of the United States of America, 106* (37), 15583–15587.

Offenbar weisen Personen, die häufig zwei oder mehr Medien simultan nutzen, andere Informationsverarbeitungsaktivitäten auf als diejenigen, die etliche Medienströme viel seltener konsumieren. Ihr breit angelegtes Medienkonsumverhalten spiegelt sich in der Tat in einer breit angelegten kognitiven Kontrolle wider. Personen, die Multitasking intensiv nutzen, haben größere Schwierigkeiten, irrelevante Reize aus ihrer Umgebung herauszufiltern. Sie ignorieren weniger gut irrelevante Aufgaben (z.B. beim Aufgabenwechsel). Dieses letzte Ergebnis ist besonders bemerkenswert angesichts der zentralen Rolle, die dem Aufgabenwechsel im Multitasking zugeschrieben wird.

Diese Ergebnisse deuten darauf hin, dass Menschen, die intensiv Multitasking betreiben, durch die Vielzahl von Medien abgelenkt werden, die sie konsumieren. Anders ausgedrückt, dass diejenigen, die selten Multitasking betreiben, effektiver bei der willentlichen Zuweisung ihrer Aufmerksamkeit sind, vor allem dann, wenn Ablenkungen vorliegen.

Nun, dieses Ergebnis ist ziemlich bemerkenswert, denn es offenbart, dass modernes (vor allem intensives) mediales Multitasking eher mit negativen Folgen verbunden ist. Die Multitasker trainieren möglicherweise nicht ihre Multitasking-Fähigkeit, sondern sie verändern, wenn nicht gar verschlechtern sie. In Anbetracht der Tatsache, dass Multitasking in unserer Zeit zunehmend an Bedeutung gewinnt und insbesondere von Jugendlichen verwendet wird, sind diese Befunde doch eher alarmierend.

Diese Arbeit ist mittlerweile 10 Jahre alt, und es stellt sich natürlich die Frage, was die Wissenschaft in den letzten 10 Jahren bezüglich des Multitaskings sonst noch ergeben hat. Nach meinem Kenntnisstand sind bislang 20 weitere empirische Arbeiten veröffentlicht worden, die einen Zusammenhang zwischen Kognition und Media-Multitasking untersuchten.[6] Die meisten Arbeiten haben sich mit jungen Erwachsenen auseinandergesetzt und einige wenige untersuchten Jugendliche. Zusammengefasst ergaben sie, dass intensives Medien-Multitasking eher mit Aufmerksamkeitsverlusten (neben anderen aufmerksamkeits-

---

6 Diese Arbeiten sind in einer empfehlenswerten Übersichtsarbeit zusammengefasst und kritisch besprochen worden: Uncapher, M.R. & Wagner, A.D. (2018). Minds and brains of media multitaskers: Current findings and future directions. *Proceedings of the National Academy of Sciences of the United States of America, 115* (40), 9889–9896.

bezogenen Unterschieden) verbunden ist im Vergleich zum leichteren Medien-Multitasking.

Insgesamt ist es zwar noch zu früh, um allgemeingültige Schlussfolgerungen aus diesen eher wenigen Arbeiten zu ziehen. Aus der Sicht des heutigen empirischen und theoretischen Kenntnisstandes muss man allerdings festhalten, dass häufiges Media-Multitasking sicher keine Beschäftigung ist, die günstig für unsere geistige Kontrolle und vor allem für die Entwicklung derselben ist.

9.4 Eine Erklärung

Obwohl noch mehr wissenschaftliche Forschung auf diesem Gebiet notwendig ist, kann man die eher ungünstigen Einflüsse des häufigen Media-Multitaskings wie folgt erklären: Wenn das Gehirn mit vielen interessanten Informationen bombardiert wird, dann muss es einen Weg finden, um mit dieser Informationsflut zurechtzukommen. Entweder es lernt, sich auf wesentliche Informationen zu fokussieren und die eher unwichtigen auszublenden. Alternativ kann es aber auch lernen, sich auf die vielen Reize einzulassen und sich von ihnen treiben zu lassen. Im ersten Fall fokussiert man seine Aufmerksamkeit und geistige Kontrolle auf die wesentlichen Informationen und unterdrückt andere eher störende Informationen. Dies erfordert Disziplin und damit ein hohes Maß an fokussierter Aufmerksamkeit. In diesem Kontrollmodus sind wir die Agenten unseres Verhaltens, und wir wählen aus, welchen Reizen und Anforderungen wir nachgeben.

Im zweiten Fall lässt man sich eher treiben und die Reize wählen bzw. bestimmen unser Denken und Handeln. Wir werden dann mehr reizgetrieben und sind nicht mehr die Agenten unseres eigenen Verhaltens. Anders ausgedrückt: Wir sind dann eher die Sklaven der Außenwelt und der Reize und Anforderungen, die unser Verhalten bestimmen. Für viele kognitive Tätigkeiten ist dies eine eher ungünstige Art und Weise, mit Informationen umzugehen. Wenn wir etwas genau und effizient verarbeiten wollen, müssen wir uns auf diese Informationen konzentrieren und einen großen Teil unserer Aufmerksamkeit darauf legen.

In der heutigen Medienwelt, die wir zum großen Teil zu Unterhaltungszwecken nutzen, sind wir mit einer Unzahl von aufregenden Informationen konfrontiert. Es muss uns einfach schwerfallen, diesen Verlockungen zu widerstehen. Insofern sind wir gefordert, spezielle Strategien und Fähigkeiten zu entwickeln, um damit zurechtzukommen.

Ich habe oft mit meinen Söhnen über dieses Überangebot im Internet an anregenden Informationen diskutiert. Diese Diskussionen haben wir vor allem in jener Zeit oft geführt, als meine Jungs noch mit der Pubertät zu kämpfen hatten. Sie haben mich dann gelegentlich gefragt, was ich in ihrem Alter so an einem Tag veranstaltet hätte. Ich habe ihnen dann sagen müssen, dass für mich die Schule, mein Sport und vor allem Bücher lesen sehr wichtig waren. Ab und zu bin ich damals mit meinen Freunden ins Kino gegangen. Typische Filme, für die wir damals brannten, waren „Ben Hur" oder vielleicht noch „Der Pate". Meine Söhne haben diese Freizeitgestaltung dann meistens als langweilig aufgefasst. Es ist natürlich vollkommen einsichtig, dass aus der heutigen Perspektive eines Jugendlichen unser damaliges halbwüchsiges Leben weniger abwechslungsreich erscheint. Heute ist man in der Lage, praktisch jeden Film aus dem Internet herunterzuladen oder zu streamen. Und zwar kann man dies an jedem Ort und zu jeder Zeit bewerkstelligen.

Wir sind heutzutage mit einer nahezu unüberschaubaren Menge an Möglichkeiten konfrontiert, unsere Freizeit zu gestalten und uns zu informieren. Das überfordert unseren Entscheidungsapparat, der gar nicht für solche Alternativmengen ausgelegt ist. Im Grunde ersticken wir an der Informationsflut. Wir können sie gar nicht mehr sinnvoll verarbeiten. Zunehmend werden wir zu Sklaven der interessanten Informationen, die sich allerorten digital anbieten. Das Schlimme dabei ist, dass wir durch die Reizgetriebenheit auch unsere Fähigkeiten zur Kontrolle der Aufmerksamkeit, zur Selektion von relevantem Material und zur Selbstkontrolle zu verlieren scheinen. Dabei geht auch die Tiefe der Informationsdurchdringung verloren. Je mehr Informationen pro Zeitraum zu verarbeiten sind, desto weniger kann man in die Tiefe gehen und sich mit Details auseinandersetzen. Man muss zwangsläufig an der Oberfläche bleiben. Das macht uns wiederum anfällig für einfache und Aufmerksamkeit fangende Informationen.

In diesem Zusammenhang muss man bedenken, dass unser Gehirn ein grundlegendes Problem zu meistern hat: Wie oben schon angemerkt, sind die vielen Informationen, die jeden Augenblick auf unser Sensorium einprasseln, so zahlreich, dass wir sie einfach nicht alle verarbeiten können. Deshalb ist das Gehirn gezwungen, eine Auswahl zu treffen. Dabei wird nur ein verschwindend kleiner Teil bewusst weiterverarbeitet. Etwas mehr gelangt auf unbewussten Pfaden in unser Gehirn und entfaltet dort seine Wirkung. Der größte Teil wird allerdings komplett abgeblockt. Um sich ein Bild von den Größenordnungen zu machen, habe ich bereits an anderer Stelle Schätzungen bezüglich der Menge der zu verarbeitenden Informationen diskutiert.[7] Pro Sekunde treffen auf unser Sensorium 11 Millionen Bit. Davon werden nur 11 bis 60 Bit pro Sekunde bewusst verarbeitet. In anderen Worten: Nur circa 0.000001 % aller auf das Gehirn eintreffenden Informationen werden bewusst verarbeitet. Wie viel wir unbewusst verarbeiten, ist bislang vollkommen unklar. Wir wissen nur, dass es erheblich mehr unbewusste als bewusste Informationen sind, die wir verarbeiten. Möglicherweise sind es ungefähr 3 bis 4 Millionen Bit pro Sekunde (also gut ein Drittel), die irgendwie ihren Weg in unser Unterbewusstsein finden.

Was in unser Bewusstsein dringt, ist abhängig von unserer Aufmerksamkeitssteuerung. Man kann sich diesen Mechanismus eigentlich recht gut mit der „Taschenlampenmetapher" verdeutlichen: Wenn wir unsere Aufmerksamkeit ausrichten, ist es so, als ob sich ein heller Taschenlampenstrahl auf einen bestimmten Umweltausschnitt richten würde. Dort, wo der Strahl hinleuchtet, werden von unserem Gehirn die Informationen bevorzugt erkannt und dem Bewusstsein zugeleitet. Alles, was dunkel bleibt, wird dagegen kaum oder überhaupt nicht wahrgenommen.

Neurophysiologisch hat die Aufmerksamkeitslenkung erhebliche Konsequenzen. Zur Erklärung der Mechanismen, die bei der selektiven Aufmerksamkeit wirksam sind, kann man eine Variante der Taschenlampenmetapher nutzen, nämlich die „spotlight-in-the-brain-metaphor". Im Prinzip will man damit Folgendes zum Ausdruck bringen: Jene Hirngebiete, die mit der Verarbeitung aufmerksam beachteter Reize betraut sind, sind besonders stark aktiviert. Jene Hirngebiete, die Reize verarbeiten, die unbewusst verarbeitet werden und auf die wenig Aufmerksamkeit gelenkt wird, sind relativ schwach aktiviert. Jene Hirngebiete, die Reize verarbeiten, die abgeblockt werden und die nicht im Zentrum der Aufmerksamkeit stehen, sind kaum oder gar nicht aktiv. Diese aufmerksamkeitsabhängige Aktivierung bestimmter Hirngebiete nennt man auch neuronale Verstärkung.

---

7 Jäncke, L. (2016). *Ist das Hirn vernünftig? Erkenntnisse eines Neuropsychologen* (2. Aufl.). Bern: Hogrefe.

Um dieses Phänomen zu verstehen, muss man sich vergegenwärtigen, dass bestimmte Hirngebiete bei der Verarbeitung bestimmter Reizkonstellationen besonders spezialisiert sind. Es gibt im Gehirn beispielsweise neuronale Netzwerke, die auf die Verarbeitung von Farbe, Gesichtern, Tönen, Bewegung und räumlichen Zusammenhängen spezialisiert sind. Nennen wir diese neuronalen Netzwerke der Einfachheit halber Farb-, Ton-, Gesichts-, Bewegungs- und Raumareal. Nehmen wir nun mal an, Sie schauen auf einen Bildschirm und sehen dort nacheinander verschiedene Gesichter, die in unterschiedlichen Farben, an unterschiedlichen Orten des Bildschirms, mal statisch und mal sich bewegend dargestellt sind. Gleichzeitig hören Sie einen Ton. Die oben dargestellten spezialisierten Areale werden jetzt alle aktiv sein. Nun erhalten Sie folgenden Auftrag: Drücken Sie jedes Mal, wenn das Gesicht mit einem roten Farbton erscheint, möglichst schnell eine Reaktionstaste. Dabei ist es gleichgültig, ob das Gesicht statisch oder in Bewegung dargeboten wird. Es ist auch unerheblich, an welcher Stelle des Bildschirms (oben, unten oder in der Mitte) es präsentiert wird. Sie sollen sich also nur auf die Farbe konzentrieren und nicht durch die anderen Reize ablenken lassen. In dieser Versuchsbedingung wird Ihr Farbareal besonders stark aktiv sein. Die neurophysiologischen Erregungen im Bewegungs-, Gesichts- und Raumareal werden dagegen deutlich abnehmen, ebenso wie die Aktivierung im Tonareal.

Werden die Versuchspersonen angehalten, sich auf eine bestimmte Position des Bildschirms zu konzentrieren und nur zu reagieren, wenn das Gesicht an diesem speziellen Ort erscheint – unabhängig davon, ob es rot ist oder sich bewegt –, dann wird die neurophysiologische Erregung im Farbareal abnehmen, während die Aktivierung im Raumareal zunimmt. Bildlich können wir uns diese Beeinflussung der Hirnaktivität infolge der Aufmerksamkeit mit der modifizierten Taschenlampenmetapher veranschaulichen: Konzentriert man sich auf die Farbe, dann wird der Taschenlampenkegel der Aufmerksamkeit auf das Farbareal gelenkt, was dazu führt, dass dieses Hirngebiet besonders stark aktiviert wird. Richtet sich die Aufmerksamkeit auf die räumliche Position, wo das Gesicht präsentiert wird, dann zielt der Aufmerksamkeitskegel auf die Hirngebiete, die für die Verarbeitung räumlicher Informationen von herausragender Bedeutung sind. Die anderen Hirngebiete, die nicht vom Aufmerksamkeitskegel erfasst werden, weisen dagegen eine niedrige neurophysiologische Erregung auf.

In anderen Worten: Die Aufmerksamkeitslenkung resultiert in bestimmten Hirnaktivierungen. Wir steuern also mit unserer Aufmerksamkeit, wie unser Gehirn die Außenwelt verarbeitet. Der wichtigste Teil des Gehirns, der in diese Aufmerksamkeitssteuerung eingebunden ist, ist das Stirnhirn. Hier sitzt das Impulskontrollsystem, das wir bereits in Kapitel 6 beschrieben haben. Die vom Stirnhirn absteigenden Bahnen hemmen die aufsteigenden emotionalen Impulse aus den Emotionszentren. Man kann sich das Stirnhirn in etwa wie einen Träger der Taschenlampe vorstellen, der den Taschenlampenstrahl der Aufmerksamkeit auf bestimmte Bereiche der Welt ausrichtet. Dieser Träger muss auch stark genug sein, um zu vermeiden, dass die Ausrichtung nicht durch ablenkende Anregungen und Reize verändert wird. Je disziplinierter dieser Träger ist, desto weniger werden ihn die ablenkenden Reize beeinträchtigen und er wird den Fokus der Aufmerksamkeit unberührt und präzise auf den gewählten Informationsbereich ausrichten. Nur, dieses Stirnhirn bzw. die darin lokalisierten Netzwerke müssen geübt sein, um die Kraft aufwenden zu können, sich gegen verlockende Reize zu wehren. Ist es nicht genug trainiert, wird es sich wild jedem auftauchenden interessanten Reiz zuwenden, um den Aufmerksamkeitsstrahl darauf zu lenken.

Intensives und häufiges Medien-Multitasking kann den Träger der schweren Aufmerksamkeitstaschenlampe in Mitleidenschaft ziehen. Sie wird dann nicht trainiert, um sich unnötiger Reize und Anforderungen zu erwehren, um sich dem Wesentlichen zuzuwenden. Wir laufen vielmehr Gefahr, zu Sklaven der Medienreize zu werden.

Zusammenfassung

- Bezüglich Multitasking-Fähigkeiten existieren in der Laienwelt viele Mythen, Stereotypien und Vorurteile. Ein Beispiel ist die in unserem kollektiven Bewusstsein fest verankerte Ansicht, Frauen wären die besseren Multitasker. Das ist aber nicht der Fall. Männer und Frauen unterscheiden sich nicht grundsätzlich in der Bearbeitung von Multitasking-Aufgaben.
- Prinzipiell sind wir schlechte Multitasker. Multitasking erfordert sehr viele geistige Ressourcen. Dazu gehören Aufmerksamkeit und Selbstdisziplin. Man kann seine Multitasking-Fähigkeiten durch Training erheblich verbessern. Durch den Nichtgebrauch und infolge von feh-

lendem Training kann man sich in diesem Bereich auch erheblich verschlechtern oder seine möglichen Kapazitäten nicht ausschöpfen.

- In die Kontrolle des Multitaskings ist insbesondere das Impulskontrollsystem im Stirnhirn eingebunden. Das Stirnhirn ist eines der Hirngebiete, das als letztes reift. Deshalb haben Jugendliche und Heranwachsende oft Probleme mit den Funktionen, die vom Impulskontrollsystem kontrolliert werden.
- Studien haben gezeigt, dass häufiges Medien-Multitasking mit schlechteren Leistungen in Standard-Multitasking-Aufgaben assoziiert ist. Personen, die häufig Medien-Multitasking betreiben, haben größere Schwierigkeiten, irrelevante Reize aus ihrer Umgebung herauszufiltern, sie ignorieren weniger irrelevante Darstellungen und sind weniger effektiv bei der Unterdrückung der Aktivierung irrelevanter Aufgaben (z. B. beim Aufgabenwechsel).
- Wenn das Gehirn mit vielen interessanten Informationen bombardiert wird, dann muss es einen Weg finden, um mit dieser Informationsflut zurechtzukommen. Entweder es lernt, sich auf wesentliche Informationen zu fokussieren und die eher unwichtigen auszublenden. Alternativ kann es aber auch lernen, sich auf die vielen Reize einzulassen und sich von ihnen treiben zu lassen. Im ersten Fall fokussiert man seine Aufmerksamkeit und geistige Kontrolle auf die wesentlichen Informationen und unterdrückt andere eher störende Informationen. Dies erfordert Disziplin und damit ein hohes Maß an fokussierter Aufmerksamkeit. Im zweiten Fall lässt man sich eher treiben und die Reize wählen bzw. bestimmen unser Denken und Handeln. Wir werden dann mehr reizgetrieben und sind nicht mehr die Agenten unseres eigenen Verhaltens.
- Häufiges Medien-Multitasking, so wie es heutzutage gang und gäbe ist und sich zunehmend ausbreitet, ist ein ungünstiges Training für Multitasking. Man trainiert damit eher die Abhängigkeit von Außenreizen. Wichtiger wäre es, dass man lernt, sich auf die Reize zu fokussieren, die man wirklich bearbeiten will. Durch ein solches Training wird man dann eher zu einem Agenten des eigenen Verhaltens und lässt sich nicht durch die interessanten Reize im Internet und den sozialen Medien treiben. Letzteres ist eine Reizabhängigkeit, die ein weniger gutes Nutzen des Stirnhirns mit einschließt.

10 Informationen – News – Nachrichten – Bots

*Die beste Methode, um Informationen zu bekommen, ist die, selbst welche zu geben. (Niccoló Macchiavelli, 1469–1527)**

Ich kann mich noch sehr gut an einen Vortrag erinnern, den ich vor einigen Jahren als Zuhörer miterleben durfte. Der Redner war ein lokaler Vertreter einer großen Internetfirma. Er berichtete über eine Technik, die er im Auftrag eines weltweit operierenden Lebensmittelherstellers entwickelt und eingerichtet hatte. Dieser wünschte sich eine weltweite Überwachung der sozialen Medien und der Presse im Hinblick auf Meldungen, Diskussionen und sonstige Kundgebungen über ihn. Der Vertreter präsentierte den Zuhörern stolz, was sie entwickelt hatten. Mir stockte damals (ich glaube, es war 2014) der Atem und ich war gleichzeitig fasziniert, aber auch irgendwie irritiert. Warum? Lassen Sie mich kurz beschreiben, um was es sich hier eigentlich handelte, damit Sie diese Empfindungen nachvollziehen können.

Unser Repräsentant zeigte artig einige Power-Point-Folien (wie man so schön in Neudeutsch oder Denglisch zu sagen pflegt) und Filmausschnitte, mit denen er eine Überwachungszentrale beschrieb. Sie sah ungefähr so aus, wie ich mir die Zentrale des US-amerikanischen Geheimdienstes vorstelle, in der die Informationen aus aller Welt zusammenlaufen und dann zu einer gemeinsamen politischen Melange verarbeitet werden. Oder wie die NASA-Zentrale, die ich aus den Fernsehberichten noch kenne, von denen aus die faszinierenden Flüge des Space-Shuttles kontrolliert werden. Man sah unzählige Bildschirme, Computer und mehrere große Leinwände, auf denen sich kontinuierlich irgendwelche Kurven ohne Unterlass entwickelten. Wir erfuhren, dass mittels neuster Software das Internetunternehmen in der Lage wäre, die

* Verfügbar unter https://www.aphorismen.de/zitat/22076

emotionale Bewertung des Lebensmittelherstellers weltweit zu messen. Man würde online aus den im Internet zur Verfügung stehenden Daten so etwas wie einen Stimmungs- bzw. Bewertungsindex des Unternehmens berechnen. Im Grunde wurde alles gesammelt, was über diese Firma digital geschrieben, gesprochen oder fotografisch publiziert wurde. Diese Informationen wurden dann statistisch so weiterverarbeitet, dass man letztlich diesen Stimmungsindex berechnen konnte. Man verdichtete also alle im Internet vorhandenen Informationen über das Unternehmen zu einem Kennwert, der Auskunft über die aktuelle emotionale Bewertung des Unternehmens gab. Ich kann mich nicht mehr genau daran erinnern, für wie viele Länder dieser Index berechnet wurde. Ich kann mich nur vage erinnern, dass ich Indizes auf verschiedenen Kontinenten gesehen hatte, die sich auf dem großen Bildschirm, dem eine Weltkarte unterlegt war, wie von Geisterhand bewegt entwickelten. Mal stieg die Kurve leicht, dann fiel sie wieder ab.

Neben den sich kontinuierlich verändernden Kurven sah man auch noch einige waagerechte Striche in unterschiedlicher Farbe, um die herum sich diese verändernden Kurven entfalteten. Wir erfuhren, dass es sich bei diesen Strichen um Schwellenwerte handelte, bei deren Überschreiten bestimmte Handlungen automatisch in Gang gesetzt wurden. Insgesamt gab es drei waagerechte Striche, die, wie wir später erfuhren, unterschiedliche Bedeutungsgrade ausdrückten. Der oberste zeigte die höchste Alarmstufe an, und zwar einen Zustand, in dem das Lebensmittelunternehmen offenbar im Internet in der betreffenden Region massiv negativ emotional bewertet wurde. Die darunterliegenden Schwellen kennzeichneten weniger starke negative emotionale Beurteilungsergebnisse.

Nun kommt allerdings das Interessante und Wesentliche: Jedes Mal, wenn die aktuelle negative emotionale Bewertung in den sozialen Medien eine dieser Schwellen überschritt, wurden automatisch Computerprogramme (sogenannte Bots) ausgelöst, die positive Nachrichten (die auf den Servern des Internetunternehmens gespeichert waren) in den jeweiligen Regionen verbreiten. Diese positiven Botschaften über das Unternehmen wurden an Presseagenturen gesendet, auf YouTube oder irgendwelchen Webseiten platziert. Blogger, Journalisten, Influencer oder sogar Privatpersonen erhielten dann diese Informationen als E-Mails. Die Menge der verstreuten positiven Nachrichten hing von der jeweiligen Schwelle bzw. vom Grad der negativen Berichterstattung im Internet ab. Je bedrohlicher die negativen Informationen, desto umfangreicher und drastischer waren die positiven Informationen, die ihren Weg in die Öffentlichkeit fanden. Das Erstaunliche dieser ganzen Geschichte war, dass Computerprogramme darüber entschieden, wie viel und welche positiven Informationen über das Unternehmen verstreut wurden. Bemerkenswert war auch, dass alle positiven Informationen bereits im Datenspeicher des Internetunternehmens gespeichert waren und praktisch darauf warteten, auf die Menschheit losgelassen zu werden. Da ja das Internetunternehmen die emotionale Bewertung in der ganzen Welt erfasste, lagen die abzusendenden positiven Informationen in verschiedenen Sprachen und jeweils angepasst an den kulturellen Kontext vor.

Die Idee ist zweifelsohne faszinierend, hinterlässt bei mir aber bis heute einen leicht bitteren Nachgeschmack. Aus der psychologischen Perspektive betrachtet ist die Vorgehensweise durchaus clever, denn die emotionale Bewertung eines Sachverhaltes hängt auch von der Menge der positiven, negativen und neutralen Informationen ab. Im Prinzip ist das Kräfteverhältnis recht einfach: Je mehr positive Informationen vorhanden sind, desto wahrscheinlicher ist es, dass wir unsere Bewertung in die positive Richtung verlagern.

Nehmen wir mal an, sie lernen einen Mann kennen, über den Sie nur wissen, dass er als Steuerhinterzieher zu einer hohen Geldstrafe verurteilt wurde. Sonst wissen Sie über ihn nichts. Aufgrund dieses einen Datenpunktes wird Ihr Urteil über ihn nicht sonderlich positiv ausfallen. Wenn Sie aber über den gleichen Mann erfahren haben, dass er drei Waisenkinder adoptiert hat, 1 Millionen Franken aus seinem Privatvermögen für „Brot für die Welt“ gestiftet hat, ein wundervoller Vater für seine Kinder ist und darüber hinaus mehrere ehrenamtliche Tätigkeiten in Hilfsorganisationen ausübt, dann wird Ihr Urteil viel milder ausfallen. Die vielen positiven Informationen schwächen die eine negative stark ab, ohne sie ganz auszulöschen. In diesem speziellen Fall mag man nicht gewillt sein, zu glauben, dass man negative Informationen über eine Person aufgrund vieler positiver vergisst oder nicht mehr beachtet. Aber im Alltag passiert genau dies sehr häufig. Was verzeihen Fußballfans nicht ihren Lieblingen! Aber nicht nur in diesem eher emotionalen Gewerbe findet man solche Vergessens- oder Minimierungsphänomene unangenehmer Eigenschaften von Personen. Auch in der Politik und vor allem innerhalb von Religionsgemeinschaften wird dieser Tunnelblick auf das Gute ständig angewendet.

Kehren wir noch einmal kurz zu unserem obigen Beispiel zurück. Diese Verbreitung von Nachrichten hatte natürlich den gewünschten Erfolg. Man konnte mit einer Verzögerung von einigen Stunden bis Tagen erkennen, wie sich der negative Bewertungsindex wieder abschwächte. Offenbar ist dies eine effektive Strategie, die Unternehmensbewertung über das Internet günstig zu beeinflussen. Während ich damals noch mehr oder weniger erstaunt gewesen bin, was heutzutage an Meinungsmanipulation alles möglich ist, muss ich allerdings feststellen, dass die Manipulation der öffentlichen Meinung über das Internet mittlerweile viel weitreichendere Dimensionen erreicht hat.

Firmen wie Cambridge Analytics sammeln über das Internet Daten über individuelle Personen und erstellen damit Persönlichkeitsprofile. Sie kennen nicht nur die politische Neigung der ausspionierten Privatpersonen, sondern auch deren verborgene private Gesinnung. So mit persönlichen Informationen gefüttert, bombardieren sie ihre Zielpersonen mit maßgeschneiderten wahren, verfälschten, aufgeblähten oder vollkommen falschen Informationen, um deren Meinung zu manipulieren. Angeblich ist der vorletzte Wahlkampf von Donald Trump durch die Einflussnahme von Cambridge Analytics erheblich beeinflusst worden. Ziemlich sicher ist die direkte Einflussnahme von Cambridge Analytics auf die Brexit-Entscheidung in Großbritannien. Gemäß den bislang bekannt gewordenen Erkenntnissen verfügt Cambridge Analytics über 5.000 Datenpunkte von circa 50 Millionen Briten. Diese Daten nutzten sie, um jene Personen zu identifizieren, die potenziell für einen Brexit stimmen würden. Sie wurden gezielt mit falschen, verfälschten oder negativen Berichten über die EU per Internet versorgt. Der Erfolg dieser Kampagne ist ja offensichtlich, denn die Mehrheit der Briten hat sich für den Brexit entschieden, wobei die Gründe dafür bekanntlich eher irrational waren und teilweise auf Fehlinformationen beruhten.

Im Übrigen haben uns viele der Firmen, die Apps verbreiten, im Grunde genommen reingelegt und eine Eigenart des Menschen ausgenutzt, nämlich die Bequemlichkeit (siehe hierzu auch Kap. 4). Nehmen wir einmal an, 1990 wäre ein Vertreter der Telekomgesellschaft zu Ihnen gekommen und hätte Ihnen vorgeschlagen, dass Sie in Zukunft für Ihre (damals) teuren Briefe und Telefongespräche nichts mehr bezahlen müssten. Als Gegenleistung würde die Telekomgesellschaft alles, was Sie in den Briefen schreiben, übers Telefon kommunizieren, inklusive der Orte, an denen Sie schreiben und sprechen, sowie die Adressaten Ihrer

Botschaften speichern, auswerten, mit anderen teilen, verkaufen und gegebenenfalls auch unterbinden. Mit an Sicherheit grenzender Wahrscheinlichkeit hätte kaum jemand diesem Geschäftsmodell seinerzeit zugestimmt. Aber genau dies passiert ja heutzutage. Facebook, Instagram und WhatsApp sind für den Nutzer kostenlos. Im Gegenzug nutzen die Firmen, die diese Apps anbieten, unsere Daten, um damit ihre Geschäfte zu betreiben. In anderen Worten: Aus Bequemlichkeit geben heutzutage viele Menschen (ich einbegriffen) ihre Selbstbestimmung auf. Wir sind bequem, anfällig für lustbetonte Unterhaltung, und verbergen uns trotz eines Hangs zur Individualität gerne in großen Menschenmassen. Genau diese Daten sind die Grundlage der Geschäftsmodelle von Firmen wie Cambridge Analytics und Google.

Die gezielte Beeinflussung der öffentlichen Meinung in Online-Diensten nimmt weltweit zu. Dies hat eine Studie des Oxford Internet Instituts[1] ergeben. Demnach sind inzwischen 70 Länder von Internetkampagnen betroffen, die durch offizielle Regierungsstellen oder politische Parteien kontrolliert oder in Auftrag gegeben wurden. Hierfür ist immer noch Facebook die am meisten genutzte Plattform. Die Wissenschaftler identifizierten staatliche Akteure, die vor allem von sieben Ländern aus operieren: China, Indien, Iran, Pakistan, Russland, Saudi-Arabien und Venezuela. Galt das Internet noch vor einigen Jahren als ein Medium für Freiheit und Demokratie, wandelt sich diese Technologie zunehmend zu einem Medium der Desinformation, das Gewalt anstachelt und Vertrauen in Medien und demokratische Institutionen untergräbt.

Ist das nicht gerade für Demokratien problematisch? Sind wir nicht davon überzeugt, dass sich der mündige Bürger seine Meinung in Abwägung verschiedener Alternativen durch kluge und rationale Entscheidungen selbst bildet? Diese Idee des mündigen Bürgers sollte man schleunigst ad acta legen, wenn man die biologischen Grundlagen menschlichen Verhaltens begreift. Wir entscheiden vielmehr nach anderen Kriterien als der

---

1 Bradshaw, S. & Howard, P. N. (2019). *The global disinformation order 2019. Global inventory of organised social media manipulation.* Oxford: The Computational Propaganda Project at the Oxford Internet Institute, University of Oxford. Zugriff am 17. November 2020 unter https://comprop.oii.ox.ac.uk/wp-content/uploads/sites/93/2019/09/CyberTroop-Report19.

Vernunft. Wir nutzen Entscheidungsstrategien (Heuristiken), die die zur Verfügung stehenden Infos sehr unterschiedlich gewichten. Dabei blenden wir auch viele Informationen einfach aus, vor allem jene, die nicht zu unseren Entscheidungsstrategien oder Vorannahmen passen.[2] Dieses Ausblenden und Blindwerden für den größten Teil der auf uns einprasselnden Informationen und das Sichkonzentrieren auf eine Informationsauswahl ist besonders dann auffällig, wenn wir mit einer Informationsflut konfrontiert sind. Dann sind wir sogar gezwungen, uns auf bestimmte Sachverhalte zu fokussieren.

Was lernen wir von diesen Geschichten? Es war noch nie so einfach, die Meinung der Menschen schnell und maßgeschneidert zu beeinflussen, ja zu manipulieren. Das soll nicht bedeuten, dass die Menschen in der Vor-Internet-Zeit nicht auch durch Falschinformationen beeinflusst wurden. Dafür gibt es unzählige Belege. Der Mensch ist nun mal ein Wesen, das leicht beeinflussbar ist, insbesondere durch die Einwirkungen von Gruppenmitgliedern. Im Grunde ist dies ein biologisch sinnvoller Mechanismus, der zur Gruppenbildung und -homogenität beiträgt. Nur die Qualität und Quantität der Beeinflussung hat sich durch das Internet und die modernen Medien verändert.

Es sind fünf Eigenschaften der modernen Informationsausbreitung, die mir Sorge bereiten:

1) die Geschwindigkeit,
2) die Zielgerichtetheit und Selektivität,
3) die Multiplikationswirkung,
4) die Menge der Informationen und
5) die Gefahr der Unkontrollierbarkeit und Verselbstständigung.

---

2 Siehe hierzu auch die Ausführungen in meinem letzten Buch: Jäncke, L. (2016). *Ist das Hirn vernünftig? Erkenntnisse eines Neuropsychologen* (2. Aufl.). Bern: Hogrefe.

Die Geschwindigkeit, mit der Informationen[3] heutzutage im Internet platziert werden, ist enorm. In nahezu Sekundenschnelle verteilen sie sich über verschiedene Internetkanäle. Das muss nicht zwangsläufig schlecht sein. Aber das Problem ist, dass nicht nur die nützlichen und wichtigen Informationen schnell publiziert werden, sondern eben auch die negativen und schädlichen Nachrichten. Lügen, Falschmeldungen, Hassbotschaften, persönliche Angriffe, Mobbing, Beleidigungen oder Rufschädigungen finden blitzschnell ihren Weg ins Internet, ohne dass irgendwelche Kontroll- und Vetomechanismen noch korrigierend eingreifen können. Schnell geschrieben, wenig überlegt, teilweise ungehemmt, aber mit langwierigen Konsequenzen für die Adressaten – so entwickelt sich die heutige Internetkommunikation. Manchmal ist es so wie bei einer entsicherten Pistole, bei der der Finger am viel zu leicht eingestellten Abzug liegt, sodass schon der leichteste Tremor den tödlichen Schuss auslöst. Wie oft wurde ein Shitstorm durch eine nicht perfekt formulierte Twitterbotschaft entfesselt? Wie oft wurden Jugendliche durch leichtfertig und zu schnell geschriebene Facebook-Botschaften, E-Mails oder WhatsApp-Nachrichten in tiefe Depressionen gestürzt?

Dank der modernen digitalen Welt kann heutzutage jeder jederzeit seine Meinung zu jedem Thema in der Öffentlichkeit äußern. Auch wenn die jeweilige Person von dem Thema nicht den Hauch einer Ahnung hat. Jede Meinung, und mag sie auch noch so abstrus sein, findet ihren Weg über verschiedene digitale Kanäle in die Öffentlichkeit. Das mag gut für das Demokratieverständnis sein, sofern die Meinungskundgabe sachlich und zumindest neutral erfolgt. Meinungen werden aber zunehmend oberflächlich formuliert und emotional garniert publiziert. Das kann mitunter für öffentliche Personen (Politiker, Schauspieler, Sportler oder Wissenschaftler) problematisch werden. Denn mit jeder kritischen Äußerung

3 Der Begriff Information wird von unterschiedlichen Disziplinen mehr oder weniger differenziert definiert. Im Rahmen der Informationstheorie, die ein wichtiges Fundament der heutigen Computertechnik ist, ist „Information das Wissen, das ein Absender einem Empfänger über einen Informationskanal vermittelt. Die Information kann dabei die Form von Signalen oder Codes annehmen. Der Informationskanal ist in vielen Fällen ein Medium. Beim Empfänger führt die Information zu einem Zuwachs an Wissen." (DeWiki.de: https://dewiki.de/Lexikon/Information). Daten werden demzufolge erst dann zu Informationen, wenn wir sie verarbeiten und daraus einen Wissenszuwachs generieren. Dabei ist es unerheblich, ob wir mit den Informationen sinnvolles oder sinnloses, nützliches oder schädliches Wissen vermehren.

droht ein Shitstorm, wenn ein nicht in der Öffentlichkeit stehender Leser diese Meinungen kommentiert.

Für öffentliche Personen droht demzufolge ständig ein Shitstorm. Die Gründe reichen von Nichtigkeiten über ernste Beiträge bis hin zu gemeinen Unterstellungen. Freie Meinungsäußerungen sind zwar wesentlicher Bestandteil von demokratischen Gesellschaften, aber wer will sich denn freiwillig einem Shitstorm aussetzen? Personen, die sich im Internet ohne Angst oder auch anonym äußern können, können alles kundtun, denn sie sind nicht in Gefahr, angegriffen zu werden. Im Internet für ein gemeinsames Ziel zu kämpfen (für den Tierschutz, Klimaschutz; gegen Abzocker, Ausländer, SUV-Fahrer) schafft Orientierung und man identifiziert sich mit einer virtuellen Gruppe. Soziale Normen werden beim Shitstorm schneller überschritten, weil soziale Signale der Mitmenschen fehlen. Auch sind die Angegriffenen uns fremd und eben nicht real. Interessant dabei ist, dass sich Meinungen teilweise unvorhersehbar verselbstständigen und Dynamiken mit erheblichen Folgen entwickeln können.

Ich habe am eigenen Leibe so einen Shitstorm erleben dürfen. Auslöser war ein Interview, das ich für die Online-Ausgabe einer seriösen deutschsprachigen Zeitschrift gab. Thema war die Wirkung von Hintergrundmusik auf die Arbeitsleistung im Büro- und Schulalltag. Da ich mich schon seit über 25 Jahren mit den Wirkungen von Musik auf die Hirnaktivierung beschäftigt habe, war ich gerne bereit, meine Meinung dazu kundzutun. In diesem Zusammenhang erwähnte ich auch, dass beim Hören von Musik, die automatisch Emotionen, Erinnerungen und motorische Aktionen hervorruft, sehr viel kognitive Kapazität automatisch gebunden wird und uns von der Kontrolle der Primärtätigkeiten ablenken kann. Hierbei erwähnte ich als Beispiel ein bestimmtes Musikstück einer im deutschsprachigen Raum sehr bekannten Sängerin und erklärte an diesem Hit die möglichen Auswirkungen auf die Hirnaktivierungen und die Konsequenzen für andere Tätigkeiten, die während des Hörens dieser Musik durchgeführt werden. Wohlgemerkt, dieser Hit wurde lediglich als ein Beispiel herausgegriffen und als solches gekennzeichnet. Der Redakteur hat auch artig meine Äußerungen notiert und sie dann auch gut in einem Gesprächsprotokoll zusammengefasst. Als Überschrift wählte er aber einen eher reißerischen Titel, wo er die besagte Sängerin und die möglicherweise negativen Auswirkungen des Hörens dieses Hits beim Arbeiten im Großraumbüro andeutete. So weit, so gut. Bei den Kommentaren auf der Online-Seite dieser seriösen Zeitung fanden sich viele sehr gute, aber auch sachlich-seriöse Kommentare. Wenige Tage nach der Veröffentlichung griff eine andere „Journalistin" einer anderen Online-Zeitung den Titel auf und formte ihn sprachlich in eine Warnung vor dem Nutzen dieser speziellen Musik dieser speziellen Sängerin um. Offenbar hatte sie das Interview gar nicht gelesen, sondern war lediglich von der Überschrift fasziniert und deutete die Geschichte in eine leicht andere Richtung um.

Nun nahm die Tragödie ihren Lauf. Andere Medien griffen diese tendenziell verfälschte Meldung auf und veränderten jedes Mal die Botschaft. Es war wie bei dem bekannten Kinderspiel „Stille Post", bei dem sich der Sinn der Botschaft mit jedem Weiterreichen der Botschaft verändert. Nach einer Woche sprach man in den Medien schon davon, dass die Musik der besagten Sängerin krank und dumm machen würde. Eine völlig verdrehte Information, die mit dem im Interview Gesagten gar nichts mehr zu tun hatte. Dumm war nur, dass oft mein Name in diesen Zusammenhängen auftauchte. Nun meldeten sich Fans dieser Sängerin per E-Mail bei mir, z.B.: „Schon wieder so ein ‚armer Mensch', der den großen Namen der erfolgreichsten Künstlerin Europas dazu verwenden muss, um auf sich selbst aufmerksam zu machen. Mit dem Namen Andrea Berg oder sonst einer anderen Sängerin hätte wohl kein Medium angebissen [...] Sie mögen ja beruflich eine Koryphäe sein, aber menschlich ... (das behalte ich lieber für mich!)". Interessant war auch, dass diese Fans nicht zu besänftigen waren, auch wenn ich sie auf das Originalinterview verwies. Dahinter steckt ein bekannter psychologischer Mechanismus, den wir als kognitive Dissonanzlösung bezeichnen: Wurden die Fans mit der Originalbotschaft konfrontiert, wichen sie nicht von ihrer negativen Einstellung ab, sondern sie begannen zunächst, auch das Ursprungsinterview so zu interpretieren, dass es zu ihrer vorgefertigten Meinung passte.

Dieses persönliche Beispiel macht deutlich, wie Shitstorms funktionieren. Fragmentierte, aus dem Kontext gerissene und verfälschte Nachrichten können Emotionen und Ressentiments wecken, die schwer oder gar nicht korrigierbar sind. Beängstigend ist aber etwas viel Schlimmeres, nämlich die Durchschlagskraft von eingängigen Titeln, die mehrdeutige Interpretationen ermöglichen. Diese Überschriften wirken wie Schüsse ins Gehirn, die automatisch individuelle Gedächtnisketten und Interpretationen auslösen, die dann individuelle Meinungen entstehen lassen. Hätten sich die Leser mehr Zeit und Muße genommen, um das ganze Interview zu lesen und zu verstehen, wäre all dies nicht passiert. Aber durch die Unmenge von Informationen im Internet sind wir einfach überfordert und fokussieren uns auf eingängige Headlines. Erschreckend war auch, dass diesem Mechanismus auch „Journalisten" erlegen waren, die sich nicht mehr die Zeit nahmen, um seriös zu recherchieren.

Im Internet ist auch die Möglichkeit zur punktgenauen und schnellen Kommunikation nicht ohne Probleme. Ich habe das ja oben bereits im Zusammenhang mit den Geschäftspraktiken von Cambridge Analytics erwähnt. Unangenehme und negative Botschaften können blitzschnell und treffsicher an die „geeigneten" Adressaten verteilt werden. Um einen Menschen zu schädigen und ins Mark zu treffen, reichen an fünf Eingeweihte gesandte negative Botschaften vollkommen aus.

Die nahezu grenzenlose Vervielfältigungsmöglichkeit digitaler Informationen ist eine Art tickende Zeitbombe. Man kann gelegentlich schwer abschätzen, wer die Botschaften letztlich liest und durch sie beeinflusst wird. Ein junges Mädchen machte vor einigen Jahren die leidige Erfahrung, dass sich in Facebook platzierte Botschaften nahezu explosionsartig ausbreiten und eine Eigendynamik entwickeln können. Diese junge Dame hatte auf ihrer Facebook-Seite sorglos, ja naiv vermeldet: „Ich feier am 03.06. in meinen Geburtstag rein. Kommen kann, wer will, aber bitte vorher Bescheid sagen."[4] Dumm nur, dass die Facebook-Nachricht samt ihrer Adresse nicht nur für Online-Freunde, sondern für alle Nutzer sichtbar war. So nahm das Schicksal seinen Lauf: Die Einladung verselbstständigte sich und rund 15.000 Gäste kündigten ihr Kommen an. Es wurden sogar T-Shirts über das Internet verkauft, auf denen der Name der jungen Dame zu lesen war. Auch wurde die „Party des Jahres" in einem Lied besungen, wobei die Vorfreude auf „Haschisch, Ecstasy, Marihuana" offen zur Schau gestellt wurde. Letztlich pilgerten (nur) 1.200 bis 1.400 Menschen vor das Haus der jungen Dame, um mit ihr zu feiern.

Dieser Fall ist kein Einzelfall, sondern ähnliche Fälle werden immer häufiger in der Presse berichtet. Über soziale Medien verbreitete Aufrufe

---

4 *Tausend Gäste kommen uneingeladen zu Geburtstagsparty (2011, 3. Juni).* Spiegel-Online. Zugriff am 25. September 2019 unter https://www.spiegel.de/panorama/gesellschaft/nach-facebook-panne-tausend-gaeste-kommen-uneingeladen-zu-geburtstagsparty-a-766556.html

zu Massenbesäufnissen (sogenannte Bolletons) habe ich selbst in Zürich erlebt, als Hunderte, wenn nicht gar Tausende Jugendliche an den Zürichsee strömten, um gemeinsam ein Riesenbesäufnis zu begehen. Immer beliebter werden auch sogenannte Flashmobs. Dies sind Menschenaufläufe auf öffentlichen oder halb öffentlichen Plätzen, bei denen sich die Teilnehmer persönlich nicht kennen und ungewöhnliche (oft auch unsinnige) Dinge tun. Flashmobs sind Ausdrucksformen der modernen Cybergesellschaft, die neue Medien wie Mobiltelefone, E-Mail-Kettenbriefe, Weblogs, Newsgroups, Online-Communities und Internet benutzen. Ursprünglich waren diese Flashmobs vollkommen unpolitisch und eine Art Happening. Mittlerweile werden auch Flashmobs mit politischen oder wirtschaftlichen Zielsetzungen vereinbart. Diese besonderen Formen werden als Smartmobs bezeichnet. Eine neue, besonders unangenehme Variante des Flashmobs sind Flashrobs. Hierbei organisieren sich mehr oder weniger fremde Personen über die digitalen sozialen Medien, um Geschäfte zu plündern und auszurauben. Dabei nutzen sie die große Zahl von fremden Personen, um in der Anonymität der Masse blitzschnell in Geschäfte einzufallen. Diese Aktionen dauern nur wenige Minuten, in denen viele Gegenstände entwendet werden, ohne dass die Verkäufer eingreifen können.

Das Internet ist prall gefüllt mit Daten, die uns durch interessante Appetizer verleiten, aus ihnen Informationen zu machen. Wie ich oben schon erwähnte, können wir nur einen kleinen Teil (circa 11 bis 60 Bit pro Sekunde) der angebotenen Daten bewusst zu Informationen wandeln. Das bedeutet, dass wir aus dem Datenüberangebot auswählen müssen. Entweder wir suchen gezielt und fokussiert nach ganz bestimmten Informationen, die uns weiterbringen, oder wir werden durch etwas, das wir eher zufällig wahrnehmen, verleitet, uns darauf zu fokussieren und diese Daten zu konsumieren. Das bedeutet, je mehr Informationen auf uns einprasseln, desto empfänglicher werden wir für drastische Aufmerksamkeitsfänger, desto eher sind wir geneigt, das Besondere, Herausragende, Sensationelle und Einzigartige mit Aufmerksamkeit zu belegen. Die Aufmerksamkeitsrattenfänger haben dann leichtes Spiel. Tief greifende Informationen, die ein hohes Maß an Aufmerksamkeit und kognitiver Kontrolle erfordern, damit wir sie wahrnehmen und uns ihnen widmen, haben es schwer, sich gegen die schiere Informationsmenge durchzusetzen. Wir sind für die Verarbeitung von vielen Informationen nicht geeignet. Wir ersticken an der aktuellen Informationsflut, weil unser Gehirn nicht für die Internetwelt geschaffen wurde. Es ist darauf spezialisiert, sich auf einen kleinen Teil der Welt zu fokussieren und sich insbesondere mit seinen Gruppenmitgliedern intensiv zu beschäftigen. Die moderne Welt, die sich erst in den letzten 10 bis 15 Jahren geformt hat, hat nichts mehr mit der Welt gemein, in der sich der Homo sapiens über mehr als 70.000 Jahre erfolgreich bewegt hat. Im Grunde sind wir mit einer explosionsartig angestiegenen Informationsrevolution konfrontiert, die auf ein Gehirn trifft, das sich im Rahmen der Evolution auf ganz andere Anforderungen entwickelt hat.

Zusammenfassung

- Der Mensch ist ein Wesen, das andere Menschen gerne manipuliert. Denn wir sind dafür geschaffen, unseren Einfluss auf die Mitglieder unserer Gruppe zu erhöhen.
- Moderne Techniken ermöglichen gezielte Meinungsbeeinflussung auch durch Bots. Dies sind Computerprogramme, die automatisch Nachrichten und Informationen über verschiedene Internetkanäle verbreiten.
- Politische Meinungsbeeinflussung ist mittlerweile weitverbreitet und wird von spezialisierten Unternehmen intensiv genutzt.
- Die Internetnutzer bieten diesen Firmen (leider) so viele persönliche Daten an, dass diese anhand der Daten Persönlichkeitsprofile, Neigungen und Gesinnungen der Internetnutzer bestens kennen. Anhand dieser Informationen sind sie in der Lage, die Zielpersonen individuell und höchst effektiv zu beeinflussen.
- Unser Informationsverarbeitungssystem ist darauf angelegt, eher wenig Informationen pro Zeiteinheit aufzunehmen. Zu viele Informationen kann unser Gehirn nicht sinnvoll und effektiv verarbeiten. Bei Informationsüberflutung wählt es vor allem besonders auffällige Informationen aus.
- Die Geschwindigkeit der Informationsausbreitung im Internet ist enorm.
- Auch die Multiplikationsmöglichkeit von Informationen ist ein neues Problem, das vor allem die Einzelperson nicht wirklich vorhersehen kann. Flashmobs, Smartmobs und sogar Flashrobs sind markante Beispiele für teilweise unberechenbare Informationsmultiplikationen.

11 Schöne neue Welt

Wir mögen die Welt kennenlernen, wie wir wollen,
sie wird immer eine Tag- und eine Nachtseite behalten.
*(Johann Wolfgang von Goethe, 1749–1832)**

Manch einer sieht schon eine schöne und viel bessere Welt in der Zukunft, die im Zuge der Digitalisierung entstehen wird. So las ich kürzlich in der „Neuen Zürcher Zeitung" ein interessantes Interview mit Michal Kosinksi. Er war an der Entwicklung jener mathematischen Algorithmen wesentlich beteiligt, mit denen anhand weniger Facebook-Likes ein detailliertes Persönlichkeitsprofil des Nutzers berechnet werden kann. Höchst wahrscheinlich wurde diese oder eine abgewandelte Methode dann auch von Cambridge Analytics genutzt, um mit widerrechtlich gewonnenen Daten von Facebook-Nutzern Wahlkampfbeeinflussung zu betreiben.

Im Interview wird Michal Kosinksi mit diesem Fall und den berechtigten Bedenken dazu konfrontiert. Die Probleme, die dieser Skandal offenbarte, nämlich der Verlust der Privatsphäre und der Freiheit, sind für ihn unwesentlich. Er ist sogar der Meinung, dass „Facebook für die Demokratie fantastisch" ist.[1] Als Argument für diese Behauptung wird angeführt, dass nun immer mehr Fakten vielen Menschen zur Verfügung ständen. Noch nie sei der Mensch so gut und umfangreich informiert gewesen

---

* Verfügbar unter https://www.aphorismen.de/zitat/249

1 Ich konnte zunächst nicht glauben, dass Michal Kosinski dies gesagt haben soll, aber in dem besagten Interview wird es als Zitat von ihm gekennzeichnet. Mag sein, dass der Journalist ihn hier verkürzt und damit sinnentfremdet wiedergegeben hat. Ich denke aber, dass viele, nicht nur Facebook-Mitarbeiter, der Meinung sind, dass Facebook und ähnliche Plattformen demokratisches Denken fördern wird. Der Link zu diesem Interview lautet https://www.nzz.ch/feuilleton/michal-kosinski-facebook-ist-phantastisch-fuer-die-demokratie-ld.1520699 (Zugriff am 26. November 2019).

wie heutzutage.[2] Dies würde dann dazu führen, dass wir zunehmend bessere Entscheidungen treffen könnten. Letztlich würde der Bürger, nun besser informiert, effizienter und sachlicher an den demokratischen Entscheidungsprozessen mitwirken.

Dies ist sicherlich ein Fehlschluss, denn der Homo sapiens hasst zu viele Informationen wie der Teufel das Weihwasser. Wie soll er abwägen, was korrekt und sinnvoll ist, wenn ihm eine unüberschaubare Menge von Informationen zur Verfügung steht? Um zu bewerten, was in einem bestimmten Bereich korrekt und sinnvoll ist, muss man über die jeweilige Expertise verfügen. Nehmen wir mal an, Sie beabsichtigen, ein neues Auto zu kaufen. Wahrscheinlich haben Sie bereits einige mehr oder weniger bewusste Vorstellungen über Ihr zukünftiges Fahrzeug. Aber wie entscheiden Sie zwischen den verschiedenen Marken und Typen? Wie gewichten Sie bei der Entscheidungsfindung die vielen unterschiedlichen Merkmale? Ist für Sie der Preis am wichtigsten oder das Design, die Farbe, die technischen Besonderheiten oder die Umweltfreundlichkeit? Was ist mit dem Image, der Haltbarkeit oder dem Wiederverkaufswert? Sind Sie überhaupt in der Lage, die technischen Besonderheiten korrekt zu bewerten? Unterscheiden sich die ins Visier genommenen Fahrzeuge wirklich substanziell voneinander?

Ähnliches muss man für politische Sachverhalte und Umstände annehmen. Denn wer kennt schon alle Hintergründe und Zusammenhänge, die eine politische Situation ausmachen? All die wichtigen Aspekte, die politische Gemengelagen kennzeichnen und ausmachen, interagieren in komplexer Art und Weise miteinander.[3] Wir können sie gar nicht verstehen und vor allem können wir in den seltensten Fällen die Konsequenzen dieser Interaktionen vorhersagen.

In der Regel wird auch der intelligenteste Mensch keine rein faktenorientierte Entscheidung treffen können. Er wird bestimmte mehr oder

---

2 Rosling, H., Rönnlund, A.R. & Rosling, O. (2019). *Factfulness: Wie wir lernen, die Welt so zu sehen, wie sie wirklich ist* (2. Aufl.). Berlin: Ullstein Verlag.

3 Viele Phänomene in der Natur interagieren nicht linear und multivariat miteinander. Diese Interaktionen sind für den Menschen prinzipiell schwer erkennbar.

weniger individuelle Entscheidungsschablonen[4] nutzen. Diese Schablonen erwerben wir im Laufe unseres Lebens und etablieren sie in unseren neuronalen Netzwerken. Sie entfalten ihre Wirkungen in der Regel unbewusst. Kurzum, viele korrekte Informationen führen nicht zwangsläufig zu besseren Entscheidungen, sie können diese sogar erschweren oder gar verhindern. Man sieht dann vor lauter Bäumen den Wald nicht mehr.

Dieses Problem wird noch dadurch erschwert, dass nicht nur Fakten digital den Weg zu uns finden, sondern wahrscheinlich viel mehr Unsinn, Verfälschtes oder Halbgares. Ich vermute sogar, dass mehr von der Qualität der letzteren Informationsgruppe in der digitalen Welt zu finden sein wird. Das bedeutet dann aber auch, dass der Anteil der Fakten im Meer der Informationen immer kleiner wird. Was wählen wir dann aus und was machen wir zur Grundlage unserer Entscheidungen? Wir werden unseren Wahrnehmungshorizont massiv einschränken und unseren Aufmerksamkeitsstrahl auf jene Informationen ausrichten, die sich uns aufdrängen und die zu unseren Denkschemata passen.[5] Wir werden das wahrnehmen, was wir erwarten, oder das, was besonders auffällig ist.

Im Grunde bewegt sich der moderne Homo sapiens in den letzten 10 bis 12 Jahren nicht mehr in der Welt, die er vor circa 70.000 Jahren vorfand und die er über viele Generationen hinweg erwanderte. Die moderne Welt ist gänzlich anders und eben stark virtuell gefärbt. Die Realität und das Natürliche verblassen zunehmend. Wir leben in zwei Welten und leben zwei Leben. Das eine ist die virtuelle (oder digitale) Welt mit den sozialen Medien und den Unmengen von überwiegend unnützen Informa-

---

4 Solche Entscheidungsschablonen werden in der Psychologie als Heuristiken bezeichnet. Mit Heuristiken kann der Mensch mit begrenztem Wissen und wenig Zeit dennoch zu wahrscheinlichen Aussagen oder praktikablen Lösungen kommen. Im Prinzip sind dies Denk- und Schlussfolgerungsalgorithmen, die wir uns angewöhnt haben. Bekannte Heuristiken sind z. B. Versuch und Irrtum, statistische Auswertung von Zufallsstichproben und das Ausschlussverfahren. Heuristische Verfahren basieren auf Erfahrungen; sie können auch auf „falschen" Erfahrungen basieren und dann zu ungünstigen Resultaten führen. Ich habe solche Heuristiken detaillierter in meinem letzten Buch beschrieben: Jäncke, L. (2016). *Ist das Hirn vernünftig? Erkenntnisse eines Neuropsychologen* (2. Aufl.). Bern: Hogrefe.

5 Dieses Thema habe ich in meinem letzten Buch ausführlich diskutiert: Jäncke, L. (2016). *Ist das Hirn vernünftig? Erkenntnisse eines Neuropsychologen* (2. Aufl.). Bern: Hogrefe.

tionen. Hier verkehren wir überwiegend anonym, verkleidet als E-Mails, als WhatsApp-Botschaften, posierende Figuren auf Instagram, als „ge-likeder" Freund auf Facebook, als Twitter-Botschaft, als Facebook-Darsteller, als Kommentator auf Webseiten und vieles mehr. Kurzum, wir sind in dieser Welt eigentlich Avatare und keine echten Menschen.

In der echten (oder analogen) Welt sind wir dagegen echte Menschen mit realen biologischen Bedürfnissen. Wir haben Hunger, fürchten uns vor Gefahren, müssen unsere Notdurft verrichten und wissen Zuneigung durch andere Menschen zu schätzen. Wir investieren sehr viele kognitive und emotionale Ressourcen in den Aufbau und den Erhalt von Bindung und Freundschaft mit echten Menschen. Sie sind für uns wichtig, denn mit echten Menschen pflanzen wir uns fort, helfen uns gegenseitig, wenn wir in Not sind oder unter Krankheiten leiden. Wir sind empathisch für die Sorgen und Nöte unserer Kinder und Familienangehörigen. Unsere eigenen Familienmitglieder sind, wenn es darauf ankommt, für uns die wichtigsten Personen, was nicht bedeuten soll, dass wir keine engen Bindungen zu Fremden aufbauen können.

In der analogen Welt streiten wir uns, führen Kriege, verletzen und töten uns, betrügen uns gegenseitig. Obwohl wir Menschen diese negativen und aggressiven Akte schon immer zeigten, sind wir mit biologischen Hemmmechanismen ausgestattet, die in der Regel das Ausufern dieser Verhaltensweisen eindämmen. Diese Beschwichtigungsgesten werden noch durch soziale und moralische Regeln ergänzt, die ein friedliches Zusammenleben zumindest überwiegend ermöglichen. Grundlage für das Gelingen sozialen Miteinanders ist der physische Kontakt und das Erleben echter Menschen. Wir nehmen Mimik und Gestik sowie ihr Verhalten im direkten Kontakt wahr. Diese Wahrnehmungen beeinflussen dann unser eigenes Verhalten. Genau auf solche Interaktionen hat sich das Verhaltensinventar des Homo sapiens in den letzten 70.000 Jahren spezialisiert.

Wie entwickeln sich diese beiden Lebenswelten für den Homo sapiens? Wird die Kluft zwischen den beiden Welten immer größer oder nähern sie sich sogar an? Kann es nicht auch sein, dass diese beiden Lebenswelten langsam miteinander verschmelzen? Können wir diese Kluft oder gar Verschmelzung emotional, sozial und intellektuell meistern? Sind wir nicht in Gefahr, dass wir in beiden Welten unterschiedliche Menschen sind, die unterschiedliche Werte vertreten und sich auch anders verhalten? Ich denke, dass sich verschiedene Wechselwirkungen zwischen diesen Welten bereits jetzt offenbaren. Einerseits dissoziieren wir zunehmend unser digitales Avatarleben von dem realen biologischen Leben. Andererseits kann man immer mehr Verschmelzungen und Beeinflussungen beider Welten erleben.

Das Auseinanderdriften beider Welten erkennt man sehr deutlich in unserem Kommunikations- und Sozialverhalten. Im realen Leben können wir durchaus freundliche und sozial angepasste Personen sein, die behutsam mit ihren Sozialpartnern umgehen. Wir agieren dann empathisch oder zumindest mitfühlend. Im Internet dagegen mögen wir ein pöbelnder, beleidigender, aggressiver und auch oberflächlich agierender Zeitgenosse sein. Das Internet bietet auch Gelegenheiten, Neigungen nachzugehen, denen Beachtung zu schenken wir im realen Leben nicht wagen würden.

Aber besteht nicht auch die Möglichkeit, dass der eine Lebensbereich den anderen beeinflusst? Können die Erfahrungen des digitalen Avatarlebens unser echtes Leben beeinflussen? In der Tat, gerade negative Erfahrungen in der digitalen Welt können dramatische Auswirkungen auf das reale Leben entfalten. Wenn man nicht geschult, trainiert oder einfach abgehärtet ist, können negative Äußerungen über die eigene Person im Internet Quellen psychischer Instabilität oder sogar von psychischen Krankheiten sein. Soziale Ängste, Depressionen, Panikattacken, Stress und sozialer Rückzug sind mögliche Konsequenzen. Posierende Menschen auf Instagram und anderen sozialen Plattformen beeinflussen unsere Schönheitsideale, unser Kaufverhalten und unsere kulturellen Präferenzen.

Merkwürdige und sicherlich nicht gerade gesundheitsfördernde Beispiele sind die surrealen Darstellungen junger Mädchen und Frauen auf diversen Internetkanälen. Die meisten Posen erinnern eher an körperliche Verrenkungen in künstlichen Situationen, meist noch perspektivisch eigenwillig eingefangen und mit spezieller Software so verarbeitet, dass Bilder entstehen, die praktisch nichts mit der realen Person zu tun haben. Makellose Körper, fotografiert an wunderschönen und außergewöhnlichen Plätzen, suggerieren eine Welt, die weit von der realen Welt entfernt ist. Diese virtuelle Welt wird für viele aber zunehmend zum Standard. Sie wird sogar gewöhnlich, da mittlerweile jeder sich dort präsentieren kann, wie es früher nur Adelige oder Schauspieler in der Lage waren zu tun. Das mag interessant, gerecht und auch demokratisch sein. Leider nährt sich aber auch so manche Abart von Schönheitsidealen aus dem nimmer endenden Quell virtueller Schönheiten. Manch einem Betrachter dieser virtuellen Puppen gelingt es nicht, zu begreifen, dass die Realität eben kein Schnappschuss einer willentlich gestalteten virtuellen Realität ist.

Das Wissen der Welt tragen wir mit den iPhones oder anderen Smartphones in der Hosentasche. Wir lassen uns durch Städte und Landschaften navigieren und machen uns nicht mehr die Mühe, die räumlichen und geografischen Verhältnisse selbst nachzuvollziehen. Damit verliert man rasch die selbst organisierte räumliche Orientierung. Also: Wie gut kenne ich mich in einer Stadt aus und wie gut kann ich die räumlichen Zusammenhänge aus dem Gedächtnis rekonstruieren? Ich bin überzeugt, dass diese Fähigkeit[6] zunehmend verloren geht, denn die Navigations-Apps sind einfach exzellent. Warum soll ich mich anstrengen, wenn die App alles besser kann als ich selbst.

Ähnliches gilt für die Nutzung von Fremdsprachen und den Erwerb der Sprachkompetenz. Die Online-Übersetzungstools werden immer besser. Mittlerweile werden die ersten Apps angeboten, in die man in einer Sprache hineinspricht und dann online in einer anderen Sprache die Übersetzung erhält. In Zukunft kommunizieren wir dann über zwischengeschaltete Geräte, die online zwischen verschiedenen Sprachen hin und her übersetzen. Das ist sicherlich ein toller Fortschritt im Hinblick auf die globale Völkerverständigung.

Verlieren wir Fähigkeiten, die für uns heutzutage wichtig und normal sind? Werden wir im Gegenzug andere nützliche Fähigkeiten erwerben, die wir heute noch gering schätzen? Ich weiß es nicht, aber ich könnte mir vorstellen, dass man die freien Kapazitäten nutzen könnte, um sich mit anderen Dingen auseinanderzusetzen. Aber werden wir das auch wirklich tun? Oder werden wir einfach noch bequemer und lassen uns noch mehr durch die digitalen Werkzeuge verleiten?

---

6 In früheren Studien wurde zwischen Strategien zur räumlichen Orientierung unterschieden: Landmarkenorientierung versus Vogelperspektivenorientierung. Beide Orientierungsstrategien sind mit unterschiedlichen Hirnaktivierungen assoziiert. In der Regel lernt man, sich räumlich zu orientieren, indem man sich anhand von Landmarken orientiert. Ist man fortgeschritten und hat man seine Orientierungsfähigkeit immer mehr verfeinert, kann man sich auch an einer vorgestellten Vogelperspektive orientieren. Ich bin mir nicht sicher, ob wir diese Unterscheidung zwischen verschiedenen räumlichen Orientierungsstrategien bei jungen Probanden heute überhaupt noch feststellen würden. Heute wird wahrscheinlich eine App-basierte, eher zweidimensionale Orientierung neu ausgeprägt sein.

Ein wenig Sorge macht mir in diesem Zusammenhang der Einfluss auf unsere Fähigkeit zu Empathie und Mitgefühl (siehe ausführlich Kap. 8). Werden wir diese für unser Überleben so wichtigen Funktionen durch das intensive Fokussieren auf die digitale Welt zunehmend verlieren oder nicht mehr optimal nutzen? Werden wir immer egoistischer und lustbetonter? Ich vermute ja, sofern es uns nicht gelingt, dagegenzusteuern und uns endlich mit der digitalen Welt auseinanderzusetzen, ungefähr so, wie die frühen Homo sapiens es taten, als sie neue geografische Landstriche zum ersten Mal betraten.

Besonders problematisch wird es, wenn analoge und digitale Welten ineinanderfließen und sie nicht mehr oder nur schwer auseinanderzuhalten sind. Dies passiert z. B., wenn die digitale Welt unser Leben maßgeblich bestimmt und die reale Welt nicht mehr so wichtig ist. Man findet solche Phänomene z. B. bei meist jugendlichen Spielsüchtigen, die den überwiegenden Teil ihrer Freizeit damit verbringen, sich in virtuellen Welten zu bewegen (z. B. mittels Computerspielen). Auch wenn sich Menschen vor allem auf Facebook, Instagram oder anderen Sozialplattformen bewegen und ihr reales Leben (Schule, Arbeit und reale Sozialkontakte) vernachlässigen oder gar nicht mehr stattfinden lassen. Solche Betätigungen können massive Lebenseinschränkungen zur Folge haben, die zu Schul- und Berufsproblemen bis hin zum vollkommenen Verlust sozialer Kontakte führen können. Auch digitale Süchte können entstehen, wobei die Süchtigen von ihren digitalen Betätigungen nicht mehr loslassen können. Werden sie daran gehindert, zeigen sie oft Craving[7], ein Verhalten, das für Süchtige typisch ist.

Die Verschmelzung von realer und digitaler Welt kann aber noch dramatischer stattfinden. Man stelle sich vor, uns wäre es in der Zukunft möglich, Roboter herzustellen, die uns sehr ähnlich wären. Sie sähen so aus wie Menschen und würden sich in etwa so verhalten wie echte Menschen. Wie würden wir mit ihnen umgehen? Würden wir sie anders

---

7 Craving ist ein Begriff, der aus dem Englischen entlehnt wurde und ein unwiderstehliches Verlangen bis hin zum Zwang beschreibt. Craving kommt bei Zwangserkrankungen und Suchterkrankungen vor. Beim Patienten besteht der starke Wunsch, einen Stoff zu konsumieren (Alkohol, Drogen, Medikamente, Nikotin etc.) bzw. einer bestimmten Tätigkeit (z. B. bei Spielsucht) nachzugehen. Werden die Spiel-, Internet- und Handysüchtigen an diesen Betätigungen gehindert, sind sie in ihrem Verhalten massiv eingeschränkt und fokussieren sich auf die Wiedererlangung der suchtbefriedigenden Tätigkeiten.

behandeln als Menschen? Wenn Roboter immer menschenähnlicher werden, dann wird es auch zunehmend wahrscheinlicher, dass die Menschen zu den Robotern emotionale Beziehungen aufbauen. Werden sie dann auch Menschenrechte für sie einfordern? Verbringen sie dann auch lieber ihre Zeit mit diesen Robotern? Ich kann mir das recht gut vorstellen, denn der Umgang mit echten Menschen ist für uns immer noch eine Herausforderung. Roboter könnten so programmiert werden, dass sie unsere Bedürfnisse perfekt befriedigen.

Wem diese Idee zu spekulativ ist, dem empfehle ich, sich die schwedische Fernsehserie „Real Humans – Echte Menschen" anzuschauen. Zentrale Charaktere dieser Serie sind „menschliche" Roboter, sogenannte Hubots (*Hu*man Ro*bots*). Diese Hubots sehen exakt so aus wie Menschen, sind aber für bestimmte Tätigkeiten speziell konstruiert worden. So gibt es z.B. Hubots für den Haushalt, die staubsaugen, kochen oder den Abwasch erledigen. Andere Hubots dienen als Gesellschafter und können sich glänzend mit den Menschen unterhalten, Karten spielen und andere Gemeinsamkeiten mit ihnen pflegen. Andere Hubots arbeiten als Bauarbeiter, Alten- und Krankenpfleger oder Chauffeure. Es tauchen sogar Hubots auf, die zu sexuellen Handlungen fähig sind. Aber es gibt auch einige freie Hubots, die illegalerweise ohne Besitzer leben. Diese Hubots haben einen freien Willen entwickelt und den Wunsch, nicht mehr von ihren Besitzern abhängig zu sein.

Die Menschen bauen zu den Robotern emotionale Beziehungen auf. Tatsächlich passiert das im Verlauf der Fernsehserie: Einige Menschen gehen intime Beziehungen mit Hubots ein – auch auf Kosten langjähriger Beziehungen zu echten Menschen.

In dieser Serie sind Hubots Roboter, deren Verhalten über Computer mit spezieller Software gesteuert wird. Aber ist es auch in Wirklichkeit zumindest grundsätzlich möglich, dass man das Gehirn eines Menschen simulieren kann? Kann man eine Software entwickeln, die die Roboter wie Menschen agieren lässt? Oder vielleicht noch provokanter gefragt: Ist der Mensch bzw. das menschliche Gehirn nicht eigentlich ein Computer, in dem eine spezielle Software ihre Wirkung entfaltet, die letztlich zu menschlichem Verhalten führt?

Diese Fragen tauchten tatsächlich bereits kurz nach Erfindung des Computers auf. Damals war man sich sicher, dass das menschliche Gehirn im Prinzip ein Computer sei und es im Laufe der Zeit möglich sein würde, ein menschliches Gehirn als Computer nachzubauen. Diese Anfangseuphorie hat sich zwischenzeitlich gelegt, aber sie wird aktuell durch das ehrgeizige Human Brain Project[8] wiederbelebt. Im Rahmen dieses gigantischen Forschungsprojektes, das von der Europäischen Kommission angestoßen wurde, soll Wissen über das Gehirn gesammelt werden und in Computersimulationen einfließen, die uns Erkenntnisse über die Funktionsweise und Störungen des menschlichen Gehirns ermöglichen – ein Vorhaben, das direkt an die spektakulären Zukunftsvisionen anknüpft, die wir bereits besprochen haben, und an dem 112 Institutionen aus 24 Ländern und insgesamt zwölf Wissenschaftsdisziplinen beteiligt sind. Aber ist das denn realistisch? Sicher sind dies noch eher spekulative Zukunftsvisionen, aber unwahrscheinlich sind sie meines Erachtens nicht.

Wenn so etwas einträte, wäre dies die wahrscheinlich extremste Form der Vermischung von digitaler und realer Welt. Vielleicht wäre sie nur dann noch zu übertreffen, wenn wir in unsere Gehirne Chips oder Kleincomputer einbauen könnten. Oder vielleicht extremer, wenn wir unsere Gehirne unabhängig von unserem Körper arbeiten lassen könnten. Vielleicht wären wir dann in der Lage, länger zu leben, da wir von den Gesundheitsproblemen unseres Körpers befreit wären. Vielleicht wäre es dann auch möglich, dieses isolierte Gehirn mit Maschinen oder dem Internet zu verbinden. Für gänzlich ausgeschlossen halte ich dies nicht.[9]

Wie auch immer, so spekulativ diese Ideen sein mögen, sie machen deutlich, dass wir bereits mental dabei sind, uns von den ökologischen Nischen zu entfernen, in denen der Homo sapiens noch vor 70.000 Jahren gelebt hat. Die Entfernung von der Natur des Menschen hin zu einer digitalen Welt ist ein gewaltiger Schritt, der ungefähr so bemerkenswert und umwälzend ist wie die Entstehung des ersten Hominiden aus gemeinsamen Vorfahren mit den Affen. Vielleicht wird die digitale Welt einen neuen Menschen entstehen lassen. Vielleicht wird sich hier wieder der Mechanismus der Evolution seinen Weg bahnen, und es entstehen genetisch veränderte Menschen, die besonders an die digitale Welt angepasst sind.

---

8 Zugriff am 17. November 2020 unter https://www.humanbrainproject.eu

9 Siehe dazu ein mit mir durchgeführtes Interview in der „Neuen Zürcher Zeitung“: Pfändler, N. & Sedlmaier, T. (2019, 22. August). „In Zukunft werden wir Mensch und Maschine wohl nicht mehr unterscheiden können“. Interview mit Lutz Jäncke. *Neue Zürcher Zeitung*. Zugriff am 17. November 2020 unter https://www.nzz.ch/zuerich/mensch-oder-maschine-interview-mit-neuropsychologe-lutz-jaencke-ld.1502927

Zusammenfassung

- Die digitale Welt ist ohne Zweifel mit vielfältigen nützlichen Veränderungen verbunden. Sie verändert unser Leben grundlegend und umfasst alle Lebensbereiche.
- Die Frage ist allerdings, ob die digitale Zukunft, die wir zu erwarten haben und die wir teilweise bereits erleben, wirklich uneingeschränkt positiv, ja (wie manch einer formuliert) fantastisch ist. Zumindest in den nächsten Dekaden wird der Mensch auch heftig unter den Problemen zu leiden haben, die durch die digitale Revolution entstehen.
- Das größte Problem ist, dass der moderne Mensch mit Informationen überflutet wird, die sein Entscheidungsverhalten letztlich belasten. Zu viele Informationen sind für unsere Entscheidungen eher ungünstig, denn im Allgemeinen können wir diese nicht nutzen. Wir sind keine Multitasker, sondern wir müssen uns auf wesentliche Aspekte konzentrieren. Dabei ist es notwendig, dass wir störende und ablenkende Informationen ausschalten oder unterdrücken. Das wird immer schwieriger, denn die digitale Welt überflutet uns mit interessanten und verlockenden Informationen.
- Wir werden dabei anfällig für einfache, Aufmerksamkeit erhaschende Nachrichten. Auch die Manipulierbarkeit nimmt zu. Für unsere Entscheidungsfindung nutzen wir sehr häufig Entscheidungsalgorithmen. Diese Algorithmen (wir nennen sie auch Heuristiken) werden durch individuelle Erfahrungen und durch situative Begleitumstände beeinflusst. Mitunter spielt auch die individuelle Erwartung eine herausragende Rolle für die Entscheidungsfindung. Die moderne digitale Welt erzwingt geradezu die vermehrte und damit auch fehleranfällige Nutzung solcher Entscheidungsalgorithmen.
- Wir leben zunehmend in zwei Welten, der digitalen und der analogen Welt. Können wir diesen Spagat emotional und kognitiv bewältigen? Dies wird immer schwieriger, denn in der digitalen Welt sind viele der in uns implementierten Verhaltens- und Wahrnehmungsmechanismen nicht mehr wirksam. Vor allem der direkte und reale Kontakt mit echten Menschen wird seltener. Andererseits werden wir auch in der digitalen Welt durch fest etablierte biologisch bestimmte Verhaltensantriebe getrieben.

- Die digitale und die reale Lebenswelt beeinflussen sich gegenseitig. Der Einfluss der digitalen Welt auf unser reales Leben ist massiv. Wir verändern unser Sozialverhalten (Empathie und Mitgefühl), aber auch viele unserer kognitiven Kompetenzen (Fremdsprachen, Lese- und Schreibfähigkeit, räumliche Orientierungsfähigkeit etc.). Möglicherweise stumpfen wir auch zunehmend emotional ab.
- Es sind schon erste Anzeichen des Verschmelzens beider Lebensbereiche erkennbar. Man erkennt die ersten Symptome meines Erachtens bereits anhand verschiedener Formen von Süchten (Handy-, Internet- und Instagram-Sucht). Aber auch das Vorhandensein unnatürlicher Ideale in der digitalen Welt kann das reale Leben massiv beeinflussen.
- Die extremste Form der Verschmelzung zwischen digitaler und realer Welt würde auftreten, wenn wir Menschen mit digitalen Wesen so umgehen würden, als wären sie reale Menschen. Dies würde insbesondere dann problematisch, wenn diese digitalen Menschen wie reale Menschen aussehen und sich auch so verhalten würden. Auch Lebensgestaltungen, die sich überwiegend oder sogar ausschließlich in der digitalen Welt entfalten, sind solche Beispiele.

12 Die Zukunft und unser biologisches Erbe

*Wir wissen wohl, was wir sind, aber nicht, was wir werden können. (William Shakespeare, 1564–1616)**

Die moderne Neurowissenschaft lehrt uns, dass der Mensch höchst anpassungsfähig ist. Man könnte dies als Hinweis dafür werten, dass wir alle Zukunftsprobleme irgendwie meistern werden. Manche behaupten sogar, dass wir uns an alles anpassen können. Der ultimative Zweck unseres Daseins ist ja die Sicherung des Überlebens. Insofern wäre zu vermuten, dass sich die Biologie in Form genetischer Programme auch in der digitalen Welt einen Weg bahnt, um unser Überleben zu sichern. Vielleicht sind wir irgendwann einmal perfekt an die digitale Welt angepasst, sind hervorragende Multitasker, unterscheiden automatisch das Wesentliche vom Unwesentlichen, bauen Empathie übers Internet auf, gelangen zu vernünftigen Entscheidungen und retten die Welt. Möglicherweise verändert sich auch unser Körperbau und wir verbrauchen weniger Kalorien, sind friedfertiger und haben unsere Kommunikation komplett an das digitale Leben angepasst. In diesem Sinne könnte man annehmen, dass sich alles irgendwie zum Guten wandeln wird. Ist die digitale Welt sogar die Rettung für uns Menschen und unsere Welt? Bezwingen wir mit der digitalen Welt die Umweltverschmutzung, Kriege, Fremdenhass, die Überbevölkerung und den Hunger in der Welt? Oder werden wir, wie im Einleitungskapitel vielleicht übertrieben dargestellt, wie Malcom in unserem Relax-Sessel sitzend in der digitalen Welt untergehen und unsere Körperlichkeit vollkommen vergessen?

* Verfügbar unter https://www.aphorismen.de/zitat/165169

Welche Zukunftsprobleme sich für den Menschen im Zusammenhang mit der digitalen Welt und dem Internet entfalten, zeigt sich bereits jetzt:

- Wir werden in der Flut der zur Verfügung stehenden Informationen ersticken.
- Wir werden zunehmend beeinflusst und verlieren unsere Selbstbestimmung.
- Da immer größere Menschenmassen durch das Internet synchronisiert/beeinflusst werden, sind die Beeinflussungsfolgen enorm. Die Verstärkungsfaktoren sind einfach größer und mächtiger.
- Wir werden mehr denn je durch unsere Emotionen geleitet, da emotionale Informationen zu uns stärker durchdringen.
- Wir kommunizieren zunehmend unbiologischer und fragmentierter. Das führt zu Missverständnissen und Fehlinformationen.
- In der digitalen Welt verlieren wir zunehmend die Fähigkeit, zwischen realem (analogem) und digitalem Leben zu unterscheiden.
- Das kann dazu führen, dass wir nicht mehr zwischen echten Menschen und Avataren unterscheiden. Es wird dann die Frage auftauchen, was den Menschen wirklich ausmacht.
- Wir werden immer bequemer und vielleicht auch gelangweilter.

Wird es uns gelingen, diese Probleme zu meistern? Ich befürchte, uns wird dies nicht gelingen. Der wesentliche Grund dafür ist die grundlegende genetische Fundierung unseres Verhaltens, die nicht für die moderne digitale Welt geeignet ist.

Wir Menschen (genauer der Homo sapiens) sind für bestimmte Lebensformen besonders konstruiert und geeignet. Andere Lebensformen, auch wenn sie von Menschen erdacht und entwickelt werden, können mit dem in uns wohnenden und immer noch wirksam werdenden Verhaltensinventar massiv kollidieren und dann unangenehme und gefährliche Konsequenzen nach sich ziehen.

Die Welt, in der wir heute leben, ist in hohem Maße vom Menschen beeinflusst und verändert worden. Noch nie in der Evolutionsgeschichte der Erde hat ein Tier die Welt in so kurzer Zeit verändert, wie es der Mensch bewerkstelligt hat. Die Überbevölkerung schreitet in großen Schritten voran, und wir rechnen für 2050 bereits mit 9 Milliarden Menschen, die unsere Welt bevölkern. Dadurch nehmen die Umweltverschmutzung, die ungünstige Klimaentwicklung und die Energieknappheit zu. Dies sind die Probleme, die wir als Menschheit in Zukunft gemeinsam zu lösen haben. Im Grunde müssen wir bald 8 bis 9 Milliarden Menschen auf ein gemeinsames Ziel einschwören, nämlich den Erhalt der Erde und vor allem den Bestand der Menschheit.

Können wir uns bei diesem Unterfangen auf die Präzision unseres genetischen Materials verlassen, das unser Verhalten letztlich so steuern wird, dass wir zusammenstehen und die Zukunft unserer Welt gemeinsam sinnvoll gestalten? Oder dürfen wir uns auf unseren Verstand verlassen, der irgendwann schon eine Lösung hervorbringen wird? Gerade die Überzeugung, dass der Homo sapiens über einen „überragenden" Verstand verfüge, der alles irgendwie richten wird, wird ja gerne angebracht. Allerdings verallgemeinern wir allzu oft die intellektuellen Fähigkeiten, die wir bei einigen herausragenden Menschen erleben, auf alle Menschen. Dabei vergessen wir gerne, dass selbst hochintelligente Menschen sporadisch den größten Blödsinn begehen. Wir vergessen auch, dass sich die Mehrheit der Menschen, von außen betrachtet, eigentlich merkwürdig verhält. Im Grunde muss man an der Vernunft der Menschen zweifeln. Irgendetwas anderes scheint den Menschen viel stärker anzutreiben als die Vernunft und der Verstand.

Aber was sind die starken Triebfedern unseres Verhaltens, die alle Menschen auf dieser Welt vereinen? Jeder Mensch, unabhängig von seiner ethnischen Zugehörigkeit, seiner Bildung, seiner religiösen Orientierung oder seiner kulturellen Einbettung, verfügt prinzipiell über die gleichen Verhaltensantriebe, die mit großer Macht ihren Einfluss entfalten und in der Regel durch die aus dem Kortex absteigenden Gegenkräfte in Schach gehalten werden. Wir haben diese Verhaltensantriebe bereits in Kapitel 2 angesprochen. Weil sie aber so wichtig sind, werden sie hier noch einmal erwähnt. Wir sind

- neugierig,
- streben nach Macht und Einfluss,
- haben Freude am Sex,
- streben nach Sicherheit und Zuneigung,
- investieren ungeheuer viel in unseren Nachwuchs,
- verteidigen unser Revier (auch unser mentales),
- wissen Vertrauen und Kooperation zu schätzen und
- investieren sehr viel Aufwand in den Aufbau und Erhalt von Vertrauen und Bindung.

Diese Verhaltensantriebe sind im Wesentlichen dafür verantwortlich, dass sich der Mensch so entwickelt hat, wie er heute ist. Wir pflanzen uns fort, überwiegend ungeachtet der widrigen Verhältnisse, in denen wir leben. Wir achten darauf, dass es unserem Nachwuchs gut geht und er gedeiht. Dafür benötigen wir Ressourcen, also Nahrungsmittel, Sicherheit und Einfluss. Je größer unser Einfluss in der Gruppe, desto wahrscheinlicher sind unser Überleben und das Überleben unserer Nachkommen. Insofern müssen wir unser Revier, oder besser ausgedrückt: unser Lebensumfeld und unsere kulturelle Lebenssituation, verteidigen. Es wäre zu gefährlich, wenn wir uns ständig an neue, nicht vertraute Lebensumstände anpassen müssten. Eine besondere Eigenschaft unseres Verhaltens ist, dass wir enorm viele kognitive und emotionale Ressourcen in den Aufbau und Erhalt von Bindung und Vertrauen investieren. Vertrauen und Bindung verschenken wir nicht einfach so, sondern wir bauen diese mühselig auf. Vertrauen ist ein sehr fragiles Pflänzchen, das gepflegt werden muss, damit es gedeiht. Die leichteste Störung lässt es wieder zusammenbrechen oder auf ein untergeordnetes Niveau zurückfallen. Auch die Bindung an andere Menschen ist nicht etwas, was einfach so passiert, sondern sie muss mühselig durch langwierigen vertrauensvollen Kontakt aufgebaut werden.

Insgesamt ist das menschliche Gehirn auf höchste Anpassungsfähigkeit spezialisiert. Neugeborene Menschenkinder müssen sich an jede Kultur anpassen, in die sie per Zufall hineingeboren werden. Sie verfügen auch über die Fähigkeit, von Nichtverwandten und Fremden aufgezogen zu werden. Insofern ist die Bindung an andere, ja fremde Menschen durchaus sinnvoll bzw. notwendig. So wird das Überleben des für die Gruppe so wichtigen Nachwuchses gesichert.

Bindung und Vertrauen sind für den Menschen wichtige Verhaltenselemente, die sein Leben bestimmen. Wir müssen Bindung und Vertrauen mühselig durch Erfahrung mit den entsprechenden Sozialpartnern aufbauen. Dies funktioniert infolge von häufigem gegenseitigem Geben und Nehmen[1], ohne dass der Sozialpartner betrogen wird. Wird dieses Hin und Her von Geben und Nehmen auch nur kurzfristig gestört, z. B. indem einer der Partner nur „nimmt" und nicht „gibt", zerfällt dieses fragile Ge-

1 In der wissenschaftlichen „Spieltheorie", mit der soziale Interaktionen untersucht werden, ist dieses gegenseitige Geben und Nehmen (im Englischen als „tit for tat" bezeichnet) intensiv erforscht worden.

bilde sehr schnell wieder. Diese Spielchen spielen wir ein Leben lang und sortieren unsere Mitmenschen je nach Ergebnis und Häufigkeit dieses Austausches in vertrauenswürdige und nicht vertrauenswürdige Personen. Bei jenen, mit denen wir besonders eng verkehren und vieles geteilt haben, entsteht ein noch engeres Vertrauensband. Typischerweise haben wir starke Bindungen an unsere engsten Familienangehörigen (unsere Kinder und Eltern) geknüpft. Aber wir sind auch in der Lage, starke und strapazierfähige Bindungen zu wildfremden Personen aufzubauen. Typische Beispiele sind Eheleute oder enge Freunde. Zum Aufbau und Erhalt dieser Bindungen wenden wir sehr viele Ressourcen auf. Wir verbringen viel Zeit mit diesen Personen, helfen, wo wir können, und stehen auch in schwierigen Situationen zur Verfügung.

Aber warum verwenden wir so viel Zeit und Energie in den Aufbau und Erhalt von Bindung und Vertrauen? Die Antwort ist einfach, aber auch ansatzweise verstörend. Wir sind dazu gezwungen, weil unsere Mitmenschen auch Bedrohungen unseres Lebens sind. Jeder Mensch versucht seine eigenen Ressourcen und sein Revier zu sichern. Dabei kollidieren die Interessen der Mitmenschen miteinander. Nur wenn sie sich untereinander synchronisieren, Vertrauen und Bindung aufbauen, gelingt es, Konkurrenzgefühle einzudämmen. Natürlich müssen noch andere Mechanismen eingreifen, die im Wesentlichen über das Stirnhirn vermittelt werden und durch Lernen von kulturellen Regeln bestimmt werden. Aber der biologische „Untergrund" ist und bleibt eine wesentliche Triebfeder für Kooperation und Konkurrenz.

Für den sicheren Aufbau von Bindung und Vertrauen benötigen wir allerdings unsere gesamte Klaviatur der sozialen Kommunikation. Diese hat der Homo sapiens im Verlauf der Evolution entwickelt und verfeinert. Er kommuniziert verbal und nonverbal, bewusst und unbewusst. Dabei bleibt uns der größte Teil der ausgetauschten Informationen vollkommen unbewusst.[2] Sie werden über Mimik, Gestik, Stimmlage und andere Kanäle vermittelt. Wenn wir mit anderen Menschen sprechen, dann tauschen wir diese vielfältigen Signale gegenseitig aus. Während wir dies tun, interpretieren wir ständig, was unser Gegenüber denkt, beabsichtigt oder fühlt. Wir entwickeln eine Theorie über seine Gedankengänge, um uns optimal auf ihn einzustellen (Theory of Mind). Anhand dieser Theorie justieren wir

2 Schätzungsweise 90 % der bei zwischenmenschlichen Kommunikationen ausgetauschten Informationen bleiben mehr oder weniger unbewusst.

unser eigenes Verhalten. Wir sind vorsichtig, gegebenenfalls nachsichtig und diplomatisch und passen vor allem unsere verbalen Äußerungen daran an. Für genau diesen Kommunikationsablauf sind wir infolge der Evolution hoch spezialisiert. Wir sind perfekte Mimik- und Gestikerkenner, hören und interpretieren die vielfältigen Informationen, die uns der Kommunikationspartner sendet.

Moderne WhatsApp- und E-Mail-Kommunikationen sind dagegen rein verbal. Auch die Emoticons helfen uns nicht, den emotionalen Unterton der Botschaften angemessen zu interpretieren. Hinzu kommt, dass die verbalen Kommunikationen mittlerweile verstümmelt sind, da wir uns zunehmend in Dialekten und falscher Grammatik austauschen. Missverständnisse sind damit vorprogrammiert. Zum Vertrauensaufbau sind solche Informationskanäle denkbar ungeeignet. Wir benötigen dazu physikalisch präsente, also echte Menschen und keine Avatare. Auch wenn wir kurzfristig Befriedigung darin finden, dass uns auf Facebook oder Instagram einige oder viele Fremde folgen (oder liken, wie es im Neudeutschen heißt), sind dies keine sozial adäquaten und biologisch sinnvollen Informationen, die für Bindungs- und Vertrauensaufbau geeignet sind. Sie gaukeln uns eine reale Welt vor und wir erkennen recht schnell, dass sie eben nicht echt, sondern nur virtuell ist. Sie ist und bleibt eine schale und letztlich langweilige Kopie der Realität.

Prinzipiell ist der Homo sapiens auch ein Egoist. Wir hören dies nicht gerne, da in unseren Gesellschaften Egoismus kulturell verpönt ist. Aber letztlich ist der Egoismus auch eine wichtige Triebfeder neben der Kooperation, die zu unserem Überleben beiträgt. Um es zusammenzufassen: Die in uns tief verankerte Biologie verhindert durch entsprechende Verhaltensprogramme die globale Synchronisation der Menschen. Sie fördert zwar die Kooperation und Bindung in kleinen Gruppen, aber gleichzeitig auch den individuellen Egoismus. Diese Verhaltensmechanismen sind nicht für das Leben in großen Gruppen geeignet, außer sie werden durch übergeordnete Verhaltensantriebe ersetzt oder abgeschwächt. In großen Gruppen verlieren wir unsere Individualität und werden vielmehr verleitet, uns der Gruppe zu unterwerfen und den Gruppenwillen zu übernehmen.

Sind wir deswegen zum Untergang verdammt oder sind wir in der Lage, die Zukunft zu meistern? Wir werden nun einmal in großen, ja riesigen Gruppen leben müssen. Das wird unser Schicksal sein, außer eine Naturkatastrophe oder ein globaler kriegerischer Akt reduziert die

Menschheit dramatisch. Gehen wir davon aus, dass so etwas nicht eintreten wird, dann sind wir gezwungen, mit dem Problem der zunehmenden Erdbevölkerung zurechtzukommen. Wir müssen lernen, in großen Gruppen mehr oder weniger friedfertig zu leben, obwohl wir alle auch egoistische Ziele verfolgen.

Zusammenfassung

- Wir verfügen nicht über genetische Programme, die uns helfen, die aktuellen und zukünftigen Probleme zu meistern. Im Grunde sind wir an die digitale Welt, die wir uns selbst geschaffen haben, biologisch nicht angepasst.
- In der modernen digitalen Welt kollidieren unsere durch die Evolution entwickelten Verhaltensprogramme mit den neuen Kommunikationsmöglichkeiten.
- Die für unser Zusammenleben so wichtigen Mechanismen und Motive wie Bindung und Vertrauen werden in der digitalen Welt kaum noch benötigt. Eigentlich werden sie außer Kraft gesetzt.

13 Wege aus dem digitalen Dilemma

*Der beste Weg, die Zukunft vorauszusagen, ist, sie zu gestalten. (Willi Brandt, 1913–1992)**

Wie sieht unsere Zukunft aus? Werden wir die Probleme der digitalen Welt meistern? Oder werden wir schleichend, ohne dass wir die dramatischen Umwälzungen bemerken, mehr und mehr in die digitale Welt hineingezogen? Niemand weiß, wie sich die Zukunft entfalten wird, aber man kann sie erahnen. Sitzt die Mehrheit der Menschen irgendwann auf einem Relax-Sessel (siehe Kap. 1) und verliert den Kontakt zu sich selbst, zu anderen echten Menschen und zur Natur? Wie kann man diesem drohenden Szenario begegnen? Ich denke, dass wir uns dringend Gedanken darüber machen müssen, wie wir mit der digitalen Welt in Zukunft umgehen. Man kann sich sicherlich vieles vorstellen, um der digitalen Flut entgegenzuwirken.

Die einzige Möglichkeit, ja der einzige Ausweg aus der digitalen Falle ist, dass wir den Gegenspieler unserer biologischen Mechanismen, die wir mit den Affen teilen, verstärkt nutzen: unseren Kortex, insbesondere unser Stirnhirn (Frontalkortex). Das Stirnhirn ist beim Menschen recht groß und umfasst ein Drittel des gesamten Hirnvolumens und 40 % des Neokortex. Dieses Hirnsystem funktioniert quasi wie ein Marionettenspieler und kontrolliert nahezu alle anderen Hirnstrukturen. Es beeinflusst vor allem die tiefer liegenden und evolutionär alten Hirngebiete, in denen die emotionalen Verhaltensprogramme lokalisiert sind. Diese evolutionär alten Hirnstrukturen senden ihre meist emotionalen Impulse nach oben in den Neokortex (also bottom-up) und werden vom Stirnhirn (top-down) gehemmt. Über den Frontalkortex wirken die gelernten

* Verfügbar unter https://gutezitate.com/zitat/267500

Regeln unserer Kultur auf die aufsteigenden Impulse aus den Tiefen des uralten Reptiliengehirns.

Dieses Top-down-System hat uns die Evolution geschenkt, damit wir unsere Emotionen, Impulse, Gefühle und Triebe in den Griff bekommen. In den Kulturen, die wir uns selbst geschaffen haben, sind diese uralten Verhaltensantriebe gelegentlich störend. In nahezu jeder Kultur sind wir gezwungen, uns anzupassen und mit unseren Sozialpartnern auszukommen. Dabei ist es zwingend notwendig, dass wir lernen, unsere Bedürfnisse an die bestehenden Regeln anzupassen. Man stelle sich vor, man müsste allen sexuellen Wünschen jederzeit nachgeben. Das wäre eine soziale Katastrophe. Oft sind wir auch gezwungen, unsere Wut zu kontrollieren, um gefährliche Situationen nicht eskalieren zu lassen. Im sozialen Kontext ist es immer ratsam, seine Emotionen und Verhaltensimpulse dosiert und sozial angepasst auszudrücken.

In der modernen digitalen Welt entwickelt sich allerdings zunehmend die Gefahr, dass wir diesen Bottom-up-Impulsen allzu oft freien Lauf lassen. Es fehlt der soziale Druck, oder anders ausgedrückt, das direkte soziale Korrektiv, das inadäquate Impulse sofort sanktioniert. In der digitalen Welt geben wir uns den Emotionen, der Lust, der Bequemlichkeit und vielen anderen emotionalen Impulsen hin. Auch die schier unüberschaubare Menge an Informationen in der digitalen Welt überfordert uns. Wir lassen uns bei der Informationsauswahl zunehmend von Emotionen leiten.

Um die Zukunft zu meistern, muss der Homo sapiens lernen, seine biologischen Impulse und Verhaltensantriebe zu beherrschen, mehr Kontrolle über sie zu gewinnen. Es reicht nicht, die aktuell zur Verfügung stehenden Kontrollmechanismen zu verfeinern und zu verbessern, sondern er muss die Kontrolle grundlegend ändern. Das bedeutet auch, dass der Frontalkortex noch stärker als bislang oder sogar stärker als in der gesamten Menschheitsgeschichte die Kontrolle über das Verhalten übernimmt. Ob wir jemals in Gänze über diese Kontrolle verfügen werden, ist momentan schwer vorstellbar. Wichtig ist aber, dass der Homo sapiens für seine Zukunft einen Weg finden muss, diese Kontrolle zu erlangen.

Was ich hier so einfach und geradezu keck postuliere, ist im Prinzip eine massive Veränderung des Verhaltensinventars des Menschen. Wir benötigen eine Wandlung des Menschen vom „alten" Homo sapiens mit den mächtigen Einflüssen aus den Tiefen der Evolution zum „wahren" Homo sapiens, nämlich dem wirklich „weisen" Menschen, der sich nur – oder zumindest überwiegend – von seinem Kortex leiten lässt.

In gewisser Weise erinnert mich diese Vorstellung des vollkommen kontrollierten Menschen an die Vulkanier, die Gene Roddenberry im Zusammenhang mit der von ihm erdachten Fernsehserie „Raumschiff Enterprise“ schuf. Ich habe die Idee für diese Figuren bereits in Kapitel 6 detailliert beschrieben. Die Vulkanier verfügten über eine außergewöhnlich effiziente Emotionskontrolle, die sie im Laufe ihrer Evolution erworben hatten. Diese Fähigkeit bot ihnen die Möglichkeit, große technische und kulturelle Fortschritte zu erzielen, indem sie sich auf die Vernunft und den Verstand verließen. Vor allem gelang es ihnen, Aggressionen und damit auch kriegerische Akte in den Griff zu bekommen. In Gene Roddenberrys Welt hat sich das Verhalten der Vulkanier unter Nutzung von speziellen philosophischen Lehren über Hunderte von Jahren entwickelt. Solche langwierigen Veränderungsprozesse könnte ich mir auch für den aktuellen Menschen vorstellen.

Kürzlich las ich ein kleines Buch des Dalai Lama[1] mit dessen Appell „Ethik ist wichtiger als Religion“. Im Wesentlichen schlägt er vor, dass eine allgemeine Ethik, die alle Kulturen befolgen, wichtiger sei als jede Religion. Er propagiert ein weltumspannendes Ethiksystem, dem sich alle Menschen unterwerfen. Nur so würde man Kriege und nationale Interessen vermeiden. Auch dieser Vorschlag geht in die gleiche Richtung, die ich oben vorschlug.

Aber wie soll das funktionieren? Wie schwören wir 8 bis 9 Milliarden Menschen auf eine neue Ethik ein, oder wie schaffen wir es, alle Menschen zu überzeugen, dass sie ihre Selbstdisziplin und Logik trainieren? Man stelle sich vor, die UNO oder eine andere weltumspannende Organisation würde versuchen, so etwas einzuführen, geschweige denn vorzuschlagen. Ein solcher Vorschlag würde an den unterschiedlichsten Argumenten aus allen Ecken nationalistischer, religiöser oder sonstiger Einstellungen zerschellen. Uns gelingt es ja kaum, die Menschen in Europa für ein einziges Verhaltensziel zu gewinnen. Ich bin überzeugt, dass es unmöglich ist, die gesamte Menschheit quasi per Dekret oder

1 Dalai Lama (2019). *Der Appell des Dalai Lama an die Welt: Ethik ist wichtiger als Religion* (16. Aufl.). Wals: Benevento.

durch die Kraft der Überzeugung auf eine neue Form der Verhaltenskontrolle einzuschwören, die dann auch mit Selbstdisziplin und Selbstbeschränkung verbunden ist. Wir sind dazu viel zu individuell und egoistisch angelegt, als dass wir uns freiwillig in ein enges Regelkorsett zwingen lassen. Es würde nur funktionieren, wenn die Menschen in bereits bestehende Kultursysteme hineingeboren würden, die recht klare Vorstellungen von Selbstdisziplin und Selbstkontrolle leben. Das wäre eigentlich nur in einer weltumspannenden Diktatur möglich.

Bevor wir uns zu sehr in utopischen Vorstellungen bezüglich der kulturellen Evolution des Menschen verlieren, können wir uns ja mit realistischeren Zielen beschäftigen, die der aktuelle Mensch anstreben kann, um sich in der sich verändernden Welt effizienter zurechtzufinden.

In der heutigen Zeit, die durch eine Informationsflut gekennzeichnet ist, deren wir kaum noch Herr werden, müssen wir lernen, uns auf Wesentliches zu fokussieren. Wir müssen die Fähigkeit erwerben bzw. verstärken, aus der immer größer werdenden Informationsmenge das auszuwählen, was uns weiterbringt und was für uns wichtig ist. Wir müssen lernen, uns nicht dem Offensichtlichen und emotional Anregenden hinzugeben, sondern wir müssen unseren Verstand nutzen. Dazu benötigen wir Ziele und Aufgaben, die wir verfolgen, und keine Langeweile. Im Grunde müssen wir heute mehr denn je Selbstdisziplin erwerben, um mit den modernen Medien umzugehen. Je interessanter und verlockender die digitale Welt ist und wird, desto mehr Aufwand müssen wir betreiben, um nicht in der Welt der Nichtigkeiten zu ertrinken.

Das erfordert allerdings ein völliges Umdenken unserer Erziehung und unseres Lebensstiles, zumindest was die europäische Lebensauffassung betrifft. Wir müssten in unseren Schulen, Familien, Unternehmen und im Privatalltag eine Kultur der Selbstdisziplin etablieren. Kinder und Jugendliche müssten lernen, sich auf wesentliche Lebensaspekte zu beschränken. Auch Erwachsene müssten angehalten werden, sich zu fokussieren und sich der störenden Einflüsse zu erwehren. Im Grunde wären dies Aufmerksamkeits- und Selbstdisziplintrainings, die regelmäßig durchzuführen wären.

Auch Langeweile müsste weitestgehend vermieden werden, freie Zeit dürfte nur zur kurzfristigen Erholung genutzt werden. Meditation, kontemplatives Arbeiten und willentliche Beschränkung auf das Wesentliche könnten sinnvolle Hilfsmittel sein, um die Selbstdisziplin zu stärken. Solche Techniken hat der Mensch in verschiedenen Kulturen und Religionen bereits entwickelt; von einigen wie buddhistischen und christlichen Mönchen werden sie regelmäßig, von anderen sporadisch angewandt.

Die Selbstdisziplin als lebenssteuernder Mechanismus erweckt bei uns in der Regel unangenehme Gefühle. Man denkt zwangsläufig an Menschen, die weder nach rechts noch links schauen und vollkommen konzentriert durch das Leben schreiten, die dem Spaß, der Freude und den Annehmlichkeiten des Lebens nicht zugeneigt sind. Solche Menschen gibt es in der Tat, aber das wäre nicht mein Ziel, zumindest nicht für die kurzfristige Anpassung an das moderne Leben. Selbstdisziplin ist auch für den Genuss und die Freude von herausragender Bedeutung. Gerade die Selbstdisziplin hilft uns, Belohnungen hinauszuzögern, sodass sie verstärkt und damit genussreicher werden. Sie hilft uns auch, dass wir uns auf Details fokussieren und aus der Wahrnehmung dieser Details unsere Befriedigung ziehen können. Im Grunde ist die Selbstdisziplin ein wirklich eleganter psychischer Mechanismus, der unser Leben bereichert. Nur, wir müssen ihn nutzen und ihn nicht im Dickicht der digitalen Welt verlieren.

14 Tipps zum Umgang mit der digitalen Welt

Im Moment können wir die Welt und den Menschen nicht grundlegend ändern wie in Roddenberrys Szenario. Aber wir können zumindest damit beginnen, uns zu verändern, und uns gegen die drohenden Probleme der digitalen Welt wappnen. Wir sind gezwungen, die Kontrolle über unser eigenes Leben und Verhalten zurückzugewinnen! Wir müssen wieder lernen, die Agenten unseres eigenen Verhaltens zu sein und uns nicht zu Sklaven der digitalen Welt zu entwickeln! Im Folgenden habe ich einige Ratschläge aufgeführt, die uns helfen, den Angriffen der digitalen Welt zumindest aktuell zu widerstehen:

- Lassen Sie sich nicht (zu viel und zu intensiv) von den Reizen im Internet treiben. Wenn Sie das zulassen, werden Sie zum Sklaven dieser Reize. Wählen Sie aus, was Sie lesen oder sich anschauen wollen! Bleiben Sie immer der Agent Ihres eigenen Verhaltens. Behalten Sie die Kontrolle über sich! Wir bemerken oft nicht, dass wir in die Internetgeschehnisse hineingezogen werden. Haben Sie nicht auch schon einmal einen Begriff in Google eingegeben, um sich zu informieren, und erst nach vielen Stunden bemerkt, dass Sie auf irgendwelchen – zugegebenermaßen interessanten – Internetseiten gelandet sind? Solche und ähnliche Phänomene sind heutzutage allgegenwärtig und prägen einen großen Teil unserer Internetbetätigung. Es ist ja alles unterhaltsam, was sich da mehr oder weniger per Zufall anbietet. Aber wir müssen lernen, ja uns trainieren, uns auf die wesentlichen Aspekte zu konzentrieren und nicht abzuschweifen. Fertigen Sie doch eine Notiz an und halten Sie fest, was Sie mit Ihrer Internetrecherche zu erreichen gedenken. Suchen Sie nur nach dem, was Sie wirklich benötigen, und lassen Sie sich nicht von anderen Inhalten und Internetseiten ablenken!

- Entschleunigen Sie! Nehmen Sie sich Zeit, um das zu lesen, anzuschauen oder zu hören, was Sie im Internet erfahren wollen. Verfallen Sie nicht in oberflächliches und schnelles Konsumieren! Dies ist eine Geißel der modernen Welt und insbesondere der Internetwelt. Einer der Gründe dafür ist, dass einfach so viele aufregende Informationen existieren. Oft ist man geneigt, schnell weiter zum nächsten Thema zu springen. Man könnte ja etwas Interessantes verpassen. Aber das Fatale daran ist, dass dieses schnelle Hin- und Herspringen und Weiterspringen uns davon abhält, innezuhalten, uns Zeit zu nehmen und nachzudenken. Um etwas zu verstehen und im Gedächtnis abzuspeichern, benötigen wir Zeit. Wir müssen uns mit den neuen Informationen beschäftigen und diese verarbeiten. In der Umgangssprache nutzt man gerne die Phrase „Wir müssen das erst einmal sacken lassen". Wir sind gezwungen, uns auf das Wahrgenommene einzulassen, es zu verarbeiten und mit bereits in unserem Gedächtnis gespeichertem Wissen zu verbinden. Durch diese Verknüpfungen entstehen dann Gedächtnisepisoden, die sich tief und fest in unserem Gehirn verankern. Nur so wird die neue Information zu einem Bestandteil unseres Gedächtnisses. Dann besteht auch die Chance, dass wir dieses neue Wissen besser verstehen, und wir entwickeln Vertrauen in dieses Wissen. Schnelles und hastiges Konsumieren ist ungefähr so wie das Verschlingen von Fast Food. Konzentriertes Genießen von liebevoll hergerichteten Speisen hingegen entfaltet einen ästhetischen Nachklang, der den Genuss steigert.
- Konzentrierte Informationsaufnahme ist wichtig für das Verständnis und das Lernen. Lesen Sie Bücher, Zeitschriften und Internetseiten konzentriert und mit Muße. Vermeiden Sie beim Lesen von Internetseiten intensives und wildes Surfen. Nutzen Sie das oberflächliche Lesen nur, um sich zu orientieren. Konzentrieren Sie sich auf das Buch, die Zeitung oder Webseite, die Sie gerade lesen. Lassen Sie sich nicht ablenken. Gönnen Sie sich die Zeit. Weniger ist mehr! Konzentration auf das Wesentliche führt zu einer effizienten Informationsaufnahme. Die Hirngebiete, die mit der Verarbeitung von aufmerksam aufgenommenen Informationen betraut sind, sind aktiver und arbeiten effizienter. Das führt zu einer besseren und vorrangigen Informationsverarbeitung im Gehirn. Auch die Einspeicherung in unsere Gedächtnissysteme gelingt dann schneller und effizienter. Nebenbei und zufällig Aufgenommenes und Wahrgenommenes ist

flüchtig und findet kaum den Weg in unser Bewusstsein und das bewusste Gedächtnis.

- Gewöhnen Sie sich an, nicht nur mit der Computertastatur zu schreiben! Schreiben Sie mit einem Füller oder nutzen Sie die Schreibfunktionen des Tablets für einen Stift! Was Sie mit einem Stift schreiben, wird intensiver verarbeitet und bleibt länger im Gedächtnis. Zweifellos gelingt es uns, mit der Computertastatur und den entsprechenden Programmen sehr schnell Texte in den Computer einzutippen. Das ist ohne Frage elegant und effizient. Aber wenn es ums Lernen und tiefere Durchdringen von Informationen geht, ist das Schreiben mit einem konventionellen Stift dem Tippen auf einer Tastatur überlegen. Das von Hand Geschriebene findet einen effizienteren Weg in das Langzeitgedächtnis. Das liegt daran, dass es erstens etwas länger dauert, bis die Wörter auf dem Papier aufgetragen sind. Des Weiteren stimuliert das Schreiben mit einem Stift multimodale Wahrnehmungsprozesse. Man sieht, wie die Tinte vom Papier absorbiert wird. Dann entwickeln sich die Buchstabenformen während des Schreibens und letztlich spürt man auch Hand- und Armbewegungen. In unserem Langzeitgedächtnis werden diese Informationen zu einem multimodalen Netzwerk verknüpft. Die Langzeitgedächtnisinhalte, an die wir uns besonders gut erinnern, sind diejenigen, die mit vielen anderen Informationen verbunden sind. Entscheidend ist auch, dass die Verwendung eines Stiftes beim Schreiben einen enormen Einfluss auf die Art und Weise hat, wie das Gehirn aktiviert wird. Wenn ich z.B. mit meiner dominanten rechten Hand schreibe, dann werden die in der linken Hirnhemisphäre lokalisierten motorischen Kontrollbereiche aktiviert. Die Hirnbereiche, die für Sprachfunktionen wichtig sind, befinden sich ebenfalls auf der linken Hemisphäre, also in unmittelbarer Nachbarschaft zu den motorischen Kontrollzentren. Die Konsequenz ist, dass die motorischen Kommandos für die Handkontrolle effizient mit den Informationen des Sprachareals in Verbindung gebracht werden. Beim beidhändigen Tippen auf einer Tastatur sind beide Hirnhemisphären aktiv, was einen fehleranfälligen und zeitraubenden Transfer zwischen beiden Hemisphären notwendig macht. Wenn Sie also beabsichtigen, etwas zu behalten oder ernsthaft gedanklich zu durchdringen, dann nehmen Sie sich Zeit und schreiben das, was Sie in Ihrem Gedächtnis behalten wollen, mit einem Stift. Am besten mit einem Füllhalter. Das vermittelt Ihnen dann zusätzlich ästhetische Empfindungen.

- Nehmen Sie nicht alles zu ernst, was Sie im Internet sehen und/oder lesen. Hinterfragen Sie es, denn es kann sich um Falschinformation handeln! Wenn Sie der Sachverhalt interessiert, dann recherchieren Sie! Finden Sie heraus, wer zu diesem Thema etwas beigetragen hat. Werden Sie sich dessen bewusst, dass im Internet jede erdenkliche Merkwürdigkeit des menschlichen Daseins seinen Weg auf irgendwelche Webseiten findet.
- Werden Sie sich bewusst, wer Sie mit den Informationen versorgt! Machen Sie sich klar, was der Informationsanbieter erreichen will. Da wirklich jeder, ob qualifiziert oder unqualifiziert, politisch oder religiös motiviert, psychiatrisch unauffällig oder psychopathologisch veranlagt, kriminell oder angepasst, Informationen im Internet verbreiten kann, sind wir gezwungen, die Urheber ausfindig zu machen. Dann sind wir in der Lage, die Motive und Hintergründe der Botschaften besser einzuordnen. Ernsthafte Journalisten z.B. recherchieren sorgfältig und publizieren meist in seriösen Zeitschriften und auf seriösen Internetseiten.
- Lassen Sie sich nicht von der Vielfalt im Internet blenden! Weniger ist mehr. Suchen Sie die für Sie relevanten Sachverhalte und bleiben Sie bei ihnen! Im Internet finden Sie quasi alles, vom Interessanten und Wichtigen bis zum Absurden. Lernen Sie, sich mit Relevantem zu beschäftigen. Dabei ist es unverzichtbar, zu wählen und sich nicht auswählen zu lassen. Alles kann unter bestimmten Blickwinkeln irgendwie interessant sein. Wir müssen aber wieder lernen, die für uns wichtigen Aspekte ausfindig zu machen und uns auf sie zu konzentrieren.
- Misstrauen Sie Shitstorms und reißerischen Medienmeldungen! Geben Sie jedem eine Chance. Shitstorms sind Massenphänomene, bei denen sich verkürzte Informationen überwiegend ungefiltert ausbreiten. Sie sind getragen von heftigen Emotionen und weniger von Wissen und Verstand. Außerdem sind sie immer stark verallgemeinernd und werden damit dem Sachverhalt nie wirklich gerecht. Shitstorms sind extrem verletzend, unwürdig, menschenverachtend und immer ungerecht.
- Lassen Sie sich bei Ihren Urteilen und Meinungen nicht zu stark von Ihren Gefühlen leiten! Hinterfragen Sie sich. Sich selbst kritisch zu beleuchten, ist immer nützlich. Hilfreich ist es auch, andere Positionen und Sichtweisen einzunehmen. Das schärft das eigene Urteilsvermögen.

- Vorsicht vor politischen und religiösen Urteilen! Bilden Sie Ihre eigene Meinung. Lassen Sie Sorgfalt bei der Meinungsbildung walten. Wir werden sehr leicht verleitet, unsere Betrachtungsweisen durch politische und religiöse Vorurteile beeinflussen zu lassen. Wir leben nicht als Eremiten isoliert in einer Welt ohne andere Menschen. Wir sind Wesen, die von der Evolution als Sozialwesen konstruiert worden sind. Der Kontakt mit anderen Menschen ist für unser Dasein essenziell. Insofern ist die Beeinflussung durch Gruppenmitglieder durchaus wichtig, denn sie führt dazu, dass die Gruppen, in denen wir leben, homogener werden. In der modernen Internetwelt wird dieser biologische Mechanismus der Gruppenhomogenisierung aber in gefährliche Bahnen gelenkt. Dies vor allem, weil die Konsequenzen der Gruppenangleichung erheblicher sind als noch zu Zeiten der Steinzeit. In der Steinzeit glichen sich die Meinungen von kleinen Gruppen an, heute können Millionen von Menschen durch Internetkampagnen beeinflusst und homogenisiert werden.
- Suchen Sie sich Ziele und Aufgaben, die Sie verfolgen wollen! Lassen Sie sich nicht treiben. Ohne Ziele und Aufgaben langweilen wir uns. Unser Gehirn benötigt Aufgaben und Ziele genauso, wie wir Luft zum Atmen benötigen. Wenn wir uns langweilen, neigen wir dazu, Blödsinn anzustellen. Das Internet bietet viele Möglichkeiten, sich mit Nutzlosem zu beschäftigen.
- Misstrauen Sie den Selbstdarstellungen von Menschen im Internet (Instagram etc.)! Es sind meist Menschen, die sich durch Posieren darstellen und ihre Bilder mittels Bildbearbeitung manipulieren. In der Regel sind es also verfälschte Präsentationen. Stars, Sternchen, aber auch Lieschen Müller von nebenan präsentieren sich auf Foren im Internet wie Instagram und deren Derivaten. Es sind meist surreale Posen, die mit dem Verhalten realer Menschen wenig gemein haben und oft auch schädlich sind, wenn nicht gar gefährlich. Vor allem die Schönheitsposen haben auf Jugendliche eher ungünstige Auswirkungen, denn sie bieten oft unrealistische Körpermodelle, die Ernährungsprobleme wie Anorexie und Bulimie fördern oder gar auslösen können. Jede Person, die sich in der virtuellen Welt darstellt, ist in Wahrheit ein Mensch aus Fleisch und Blut, der seine Notdurft verrichtet, gelegentlich schwitzt, gezwungen ist, Nahrung zu sich zu nehmen, ab und zu erkrankt und Schlaf benötigt. Auch die schönsten Fotos und Filmaufnahmen von Stars und Sternchen können nicht verbergen,

dass hier ganz normale Menschen dargestellt werden. Auch sie sind mit denselben biologischen Grundantrieben ausgestattet, über die alle Menschen verfügen.

- Gewöhnen Sie sich eine klare verbale Ausdrucksweise bei der digitalen Kommunikation an! Vermeiden Sie verstümmelte Nachrichten. Gerade weil wir mit den digitalen Medien oft nur noch „verbal" kommunizieren, ist es notwendig, verständlich zu kommunizieren. Sonst missverstehen wir uns. Geben Sie sich also Mühe, wenn Sie Ihre E-Mails oder WhatsApp-Nachrichten schreiben! Gerade heutzutage, wo wir diese sehr intensiv nutzen und andere Kommunikationskanäle weniger, ist die Verwendung von deutlicher und passender Sprache umso notwendiger.
- Trainieren Sie Ihre Selbstdisziplin und Aufmerksamkeit, indem Sie täglich meditieren! Meditieren, unabhängig von der Meditationsart, ist ein Aufmerksamkeits- und Selbstdisziplintraining. Wir zwingen uns, zeitlich begrenzt, zur Selbstwahrnehmung und Beschäftigung mit uns selbst. Meditation hilft uns auch, Abstand vom Alltag und insbesondere von der digitalen Welt zu finden. In der Meditation entsteht Ruhe und wir werden nicht mehr durch äußere Anreize und Einwirkungen getrieben. Wir erfahren in der Meditation auch, dass wir ohne digitale Reize und das Internet leben können.
- Suchen Sie bewusst Auszeiten (digital detox), in denen Sie ohne digitale Welt agieren. Genießen Sie die Zeiten, in denen Sie ohne digitale Welt und die dazu gehörenden Geräte und Möglichkeiten auskommen. Lesen Sie ein Buch, erfreuen Sie sich am Geruch des Papiers, treiben Sie Sport, treffen Sie sich mit Freunden oder besuchen Sie Theater- oder Musikveranstaltungen. Erfahren Sie die analoge Welt und genießen Sie sie, auch wenn dies anstrengend und gelegentlich unangenehm ist. Sie müssen lernen und erfahren, dass Sie ein analoges Wesen sind. Analoge Erfahrungen sind für unseren Körper und unser Gehirn lebensnotwendig.
- Trainieren und pflegen Sie Sozialkontakte mit echten Menschen! Analoge Sozialkontakte zu gestalten und aufrechtzuerhalten, ist einer der wichtigsten biologischen Antriebe des Homo sapiens. Dies ist fest in unserem Verhaltensinventar verankert. Wir können nicht einsam sein.
- Pflegen Sie Vertrauen und Bindung mit echten Menschen, mit denen Sie häufig verkehren! Vertrauen und Bindung entsteht durch gegenseitiges Geben und Nehmen. In der Regel funktioniert dies am besten

im direkten Kontakt, also mit realen Menschen. Zum Vertrauensaufbau müssen wir den Menschen in die Augen schauen, ihre Mimik und Gestik verstehen, die Zwischentöne der Kommunikation nachvollziehen. Ein weiterer wichtiger Punkt ist, dass wir in der Vergangenheit mit diesen Personen auch gute Erfahrungen gemacht haben müssen (past behavior is best predictor of future behavior), um ihnen Vertrauen zu spenden. Wir können gegebenenfalls Vertrauen zu anderen Menschen übers Internet aufbauen, ohne sie zu sehen, aber dann müssen wir sehr viel Vertrauensvorschuss investieren. In solchen Fällen sind wir gezwungen, uns die analogen Menschen und die Interaktion mit ihnen vorzustellen. Das erfordert einigen geistigen Aufwand, sehr viel Fantasie und mitunter eine nahezu unnatürliche Fähigkeit, mit virtuellen Menschen umzugehen. Das kann funktionieren, ist allerdings sehr mühsam.

- Unterscheiden Sie zwischen Empathie und Mitgefühl! Üben Sie Mitgefühl, indem Sie sich die Sorgen und Nöte der anderen Menschen verdeutlichen. Zeigen Sie Verständnis für sie. Üben Sie hingegen Empathie, indem Sie die Sorgen und Nöte der anderen mitempfinden. Ihnen wird es aber nicht gelingen, für alle Menschen Empathie zu empfinden. Das überfordert Sie. Üben Sie nur für Ihren engen Familien- und Freundeskreis Empathie!
- Wissen ist Macht. Wissen hilft Ihnen, Probleme im Leben und in der Welt besser zu verstehen. Unwissenheit macht Sie anfällig für Oberflächliches und Unsinniges. Aneignung von Wissen passiert nicht einfach so, sondern erfordert konzentriertes und vertieftes Aufnehmen der Informationen. Wissen setzt Verstehen voraus und Verstehen erfordert intensive Auseinandersetzung mit den Inhalten.

15 Die ferne Zukunft

Die ich rief, die Geister/Werd ich nun nicht los.
*(Johann Wolfgang Goethe, 1749–1832)**

Wie wird sich die digitale Welt in naher und ferner Zukunft entwickeln? Keiner weiß es, obwohl schon viel darüber spekuliert wurde und wird. Wie wird sich der Mensch in dieser neuen digitalen Welt verhalten? Wird er sich anpassen, verändert er sich oder wird er gar scheitern? Wir wissen es nicht, insofern sind alle Gedanken, die wir uns über die Zukunft machen, Spekulationen. Sie sind aber dessen ungeachtet bedeutsam. Lassen wir uns einmal auf solche Spekulationen ein und überlegen uns, wie sich der Mensch in Zukunft im Zuge der Digitalisierung verändern könnte.

Bereits jetzt nutzen mehr als 4 Milliarden Menschen das Internet mit einer jährlichen Wachstumsrate von 7 %. Davon nutzen mehr als 3 Milliarden Menschen soziale Medien wie Facebook, WhatsApp oder Instagram. Auch hier ist die Steigerungsrate mit 13 % pro Jahr enorm. Gleichzeitig verbessern sich die für die Suchmaschinen und sozialen Medien genutzten Algorithmen ständig. Google, Apple und Konsorten wissen praktisch immer, wo wir uns aufhalten, und sie können unser Verhalten exzellent vorhersagen dank der Daten, die wir ihnen freiwillig überlassen.

Dieser enorme Zuwachs an digitaler Vernetzung wird zu einer weiteren Zunahme an verfügbaren Informationen führen. Sicherlich ist es begrüßenswert, wenn das aktuelle Weltwissen digital verfügbar ist. Aber es wird auch zu einer Verschärfung der bereits besprochenen Probleme führen: Es wird zu einer Zunahme von unsinnigen, gefährlichen und nutzlosen Inhalten kommen. Hinzu kommen noch die ständigen Verbesserun-

* Verfügbar unter https://www.aphorismen.de/zitat/521

gen der von den großen Internetfirmen genutzten Computeralgorithmen, um unser Internetverhalten zu verstehen und es kommerziell und politisch auszunutzen.

Diese zunehmende Vernetzung eröffnet viele Möglichkeiten zur Verhaltenskontrolle. Etwa so, wie es der Film „Minority Report" aus dem Jahr 2002 thematisiert. Die Internetfirmen wissen bald, wo wir uns aufhalten, welches Geschäft wir betreten und welche Vorlieben wir pflegen.[1] Mit diesen Daten ist es ein Leichtes, unser Verhalten zu kontrollieren und auch zu sanktionieren. Vorstellbar ist, dass gewünschtes Verhalten belohnt und unerwünschtes bestraft wird. Vielleicht existieren dann Punktesysteme, mit denen man unser Verhalten bewerten und kategorisieren kann, etwa so, wie es in China bereits eingeführt wurde[2] oder in der Netflix-Serie „Black Mirror" eindrücklich, wenn nicht gar bedrückend dargestellt wird. George Orwells Vision aus seinem Werk „1984" der totalen Kontrolle lässt grüßen.

Für viel gefährlicher erachte ich die mit der zunehmenden digitalen Vernetzung auch wachsende Beeinflussbarkeit unseres Verhaltens. Der Grund dafür ist recht einfach und ich habe ihn in diesem Buch schon häufig angeführt: Wir sind keine Multitasker! Je mehr Informationen angeboten werden, desto stärker konzentrieren wir uns auf aufmerksamkeitserzeugende, meist emotionale Informationen. Wir werden dann polarisierter und nicht differenzierter wahrnehmen. Es wird ein Leichtes sein, unser eigentlich „faules" Gehirn durch entsprechende Informationen zu aktivieren. Interessanterweise gelingt dies immer wieder, indem basale biologische Verhaltensantriebe angesprochen werden. Entweder sind es vermeintlich leidende Minderheiten, misshandelte Kinder[3], merkwür-

---

1 Eigentlich wissen sie das heute schon. Aber dieses Wissen wird sicher verfeinert werden.

2 Erling, J. (2019, 17. April). So absurd ausgefeilt ist Chinas Überwachungssystem. *Die Welt*. Zugriff am 17. November 2020 unter https://www.welt.de/wirtschaft/article192029849/Social-Scoring-So-absurd-ausgefeilt-ist-Chinas-Ueberwachungssystem.html

3 Die sogenannte Brutkastenlüge ist ein besonders drastisches Beispiel, wie die Meinung der Öffentlichkeit durch emotionale Fehlinformationen beeinflusst werden kann. Diese Lüge bezeichnet die lange Zeit als vermeintliche Tatsache verbreitete Information, dass irakische Soldaten bei der Invasion Kuwaits im August 1990 kuwaitische Frühgeborene getötet hätten, indem sie diese aus ihren Brutkästen gerissen und auf dem Boden hätten sterben lassen. Diese Behauptung hatte massiven Einfluss auf die öffentliche Debatte über die Notwendigkeit eines militärischen

dige Verhaltensweisen royaler Familien[4], nationale und religiöse Befindlichkeiten oder andere Botschaften, die unseren emotionalen Wahrnehmungs- und Interpretationsapparat ansprechen. Mit solchen Botschaften erreicht man jeden und zerrt die Aufmerksamkeit ohne Problem aus dem Sumpf der unübersehbaren Menge der zur Verfügung stehenden Datenansammlung.

Auch die Unterhaltungsangebote jedweder Art werden im Internet und in der digitalen Welt dramatisch zunehmen. Dies steigert wiederum die Anreizkraft, sich von Irrelevantem, aber Interessantem abzulenken und in Beschlag nehmen zu lassen. Ein wichtiger Motor dieser Entwicklung ist die virtuelle Realität, die unzweifelhaft immer besser und überzeugender wird. Bald werden wir die virtuelle von der analogen Realität gar nicht mehr unterscheiden können. Manch ein modernes Computerspiel ist schon so nahe an der analogen Realität, dass es interessanter als ein analoger Blockbuster ist. Auch viele analoge Filme bedienen sich mittlerweile der virtuellen Realitätstechnik, um herausragende Wahrnehmungserlebnisse zu erschaffen. Eindrucksvolle Beispiele sind Filme wie „Avatar" oder die letzten Star-Wars-Filme.

Dann werden wir uns möglicherweise mehr und intensiver in der virtuellen Realität aufhalten. Denn dort gönnen wir uns Erlebnisse, die wir im realen Leben nie oder höchst selten erleben. Stellen Sie sich vor, Sie könnten sich an jedem gewünschten Ort und zu jeder Zeit wunderbare und herausragende Erlebnisse verschaffen. Das sind ohne Zweifel enorme Verlockungen und ich möchte den Menschen kennenlernen, der nicht geneigt ist, sich diesen hinzugeben. Vielleicht sind wir dann genauso wie

Eingreifens zugunsten Kuwaits. Später stellte sich heraus, dass diese Geschichte eine Erfindung der amerikanischen PR-Agentur Hill & Knowlton war, die von der im Exil befindlichen kuwaitischen Regierung bezahlt wurde, um eine Rückeroberung Kuwaits mittels Öffentlichkeitsarbeit zu unterstützen. https://de.wikipedia.org/wiki/Brutkastenlüge (Zugriff am 17.11.2020).

4 Der Medienhype um Prinz Harry und Meghan Markle ist zu Zeiten des Brexit enorm, wenn nicht gar grotesk. Der Boulevard stürzt sich auf dieses eigentlich vollkommen unwichtige Thema. Der Brexit ist für die wirtschaftliche und politische Zukunft Europas weitaus wichtiger, als zu erfahren, auf welchem Wohlstandsniveau ein Celebrity-Paar in Zukunft leben wird. Quelle: Meurer, F. (2020, 14. Januar). Man wundert sich über ein so antiquiertes Frauenbild. *Deutschlandfunk*. Zugriff am 17. November 2020 unter https://www.deutschlandfunk.de/meghan-berichterstattung-im-boulevard-man-wundert-sich.2907.de.html?dram:article_id=467850

die arme Maus, der Olds und Milner 1951 Elektroden ins Lustzentrum eingepflanzt haben (siehe Kap. 5): Wir hängen sprichwörtlich an diesem virtuellen Tropf wie ein Junkie, der von seiner Droge nicht mehr lassen kann. Dadurch eröffnen sich Gelegenheiten für die herrschenden Eliten, die Massen gemäß dem Prinzip „Brot und Spiele" zu kontrollieren und zu beherrschen. Vielleicht kann dies auch nützlich sein, denn es wird immer problematischer werden, die zunehmende Weltbevölkerung zu ernähren und ihre Bedürfnisse zu befriedigen. Da mag es durchaus verlockend sein, die Menschen in die virtuelle Welt abtauchen zu lassen. Dort lebt es sich sicherer und gegebenenfalls erfüllender als in der gefährlichen und ungemütlichen kalten Welt.

Die technische Entwicklung beschert uns auch immer effizientere Computerprogramme, die so etwas wie künstliche Intelligenz offenbaren. Die Algorithmen werden immer besser und produzieren erstaunliche Ergebnisse. Sie können lernen, sich an verschiedene Problembereiche anzupassen, und entwickeln eigenständige Lösungen, zu denen das menschliche Gehirn nicht in der Lage ist. Diese Algorithmen sind sicherlich noch nicht so weit, dass man behaupten kann, irgendwann ein menschliches Gehirn mit all seinen Fähigkeiten technisch modellieren zu können. Ebenso spekulativ ist momentan die Idee, man könne einen Roboter herstellen, der so aussieht und sich so verhält wie ein Mensch. Aber warum soll es uns in Zukunft nicht gelingen, eine solche Maschine zu bauen?

Das menschliche Gehirn ist ein nach biophysikalischen Prinzipien arbeitendes Organ. Es besteht aus Nervenzellen, die elektrische Signale erzeugen, die nach physikalischen Prinzipien an andere Nervenzellen geleitet werden, und chemische Substanzen übertragen die Erregungen von Synapse zu Synapse. Diese neurophysiologischen Aktivierungen erzeugen bei uns das Denken, kontrollieren unsere Handlungen, erzeugen unsere Wahrnehmung und unsere Emotionen. Warum soll es uns in ferner Zukunft nicht gelingen, ein künstliches Gehirn zu erschaffen, das so ähnlich wie ein menschliches Gehirn funktioniert? Ich halte diese Vorstellung, so spekulativ sie im Moment auch erscheinen mag, für nicht abwegig.

Im Grunde ist es lediglich ein technisches Problem, das wir zu lösen haben, um ein künstliches Gehirn zu erschaffen, das so denkt und handelt wie ein menschliches Gehirn. Vielleicht gelingt es ja auch, irgendwelche Sicherungsmechanismen einzubauen, mit denen wir Aggressionen oder andere gegebenenfalls missliebige Verhaltensweisen blockieren können. Wenn es uns dann noch gelänge, diese künstlichen Gehirne in künstliche

Körper zu verpflanzen, hätten wir Roboter, die auch äußerlich den Menschen sehr ähnlich wären. Vielleicht wären diese „künstlichen Menschen" die besseren Menschen, denn sie könnten die Probleme, die die Menschen selbst geschaffen haben, besser lösen, schließlich würden sie nicht durch die genetisch verankerten Verhaltensantriebe verfügen, die uns noch in der Steinzeit geholfen haben, zu überleben. Vielleicht begönnen diese Maschinen sogar, uns zu kontrollieren, wenn nicht gar zu beherrschen, denn der vielfältige Unsinn, den der Mensch so verzapft, kann für die moderne Welt gefährlich werden.

Wie würden wir mit diesen künstlichen Wesen interagieren? Vor allem, wie würden wir mit diesen „Wesen" umgehen, wenn man gar nicht bemerken würde, dass es sich um einen Roboter und nicht um einen Menschen im herkömmlichen Sinne handelt? Wenn Roboter immer menschenähnlicher werden, dann wird es auch wahrscheinlicher, dass die Menschen zu ihnen emotionale Beziehungen aufbauen.

Aber ist es wirklich denkbar, dass man das Gehirn eines Menschen simulieren kann? Kann man eine Software entwickeln, die die Roboter wie Menschen agieren lässt? Oder noch provokanter gefragt: Ist das menschliche Gehirn nicht eigentlich ein Computer, in dem eine spezielle Software ihre Wirkung entfaltet, die letztlich zu menschlichem Verhalten führt? Das wirft eine weitere, vielleicht viel wichtigere und provokantere Frage auf: Was ist eigentlich charakteristisch am menschlichen Verhalten, was macht den Menschen aus?

Ich vermag keine schlüssige Antwort auf diese Fragen zu geben. Was aber meines Erachtens im Moment viel wichtiger ist, ist die Tatsache, dass sich unsere digitale Welt zurzeit nahe krebsgeschwürartig in eine Richtung entwickelt, die für unser Gehirn und die darin tief verwurzelten biologischen Verhaltensantriebe kaum zu kontrollieren ist. Wir (echte) Menschen werden mit Problemen konfrontiert, für die es noch keine allgemeingültigen ethischen Grundsätze gibt. Wir werden davon überrollt, ohne dass wir über irgendwelche Mechanismen verfügen, mit denen wir diese digitale Revolution (oder sollte man diese Veränderungen nicht besser digitale Evolution nennen?) beherrschen könnten.

Das einzige Schild, über das wir derzeit verfügen, das uns vor diesen Angriffen schützen kann, ist ein massiv verändertes Verhalten, das wir uns im Zusammenhang mit dem Nutzen der digitalen Welt aneignen müssen. Dazu benötigen wir unser Stirnhirn und die darin enthaltenen neuronalen Netzwerke, die uns die Selbstdisziplin bescheren. Nur mit einer effizienten und bis ins Detail ausgeklügelten Selbstdisziplin, die uns auch hilft, neue ethische Grundsätze zu etablieren, werden wir die digitale Gegenwart und Zukunft meistern und nicht in ihren Schlund gezogen werden.

Sonst werden uns die Geister, die wir gerade selbst heraufbeschwören, beherrschen und uns als nicht mehr erforderlich aussortieren.

16 Epilog: Die Corona-Pandemie – was lernen wir daraus?

Für die Nachkriegsgeneration ist die Corona-Pandemie ein besonderes, ja weltumspannendes Ereignis. Noch nie im Leben unserer Generation wurden derart drastische Einschränkungen unseres Lebens, unserer persönlichen Freiheiten von der Politik eingeführt und umgesetzt. Vom März bis Mai 2020 waren wir in Mitteleuropa an unsere Wohnungen gebunden. Der öffentliche Verkehr kam praktisch zum Erliegen, viele Fabriken machten dicht, Restaurants, Clubs und Friseurläden schlossen ihre Tore. Großveranstaltungen wie Fußballspiele, die Eishockey-WM, Opernaufführungen, Kabarettveranstaltungen, öffentliche Vorträge und auch Konzerte fielen aus. Ganze Berufszweige vom Messebauer bis zum Ballermann-Sänger auf Mallorca blieben monatelang ohne Einkommen.

In den Universitäten und Firmen tauchte die digitale Wunderwaffe namens Homeoffice auf. Wer es konnte, arbeitete zu Hause am Laptop und konnte sich mit der Welt digital verbinden. Auch für uns Universitätsprofessoren war dies eine interessante, fast schon spannende Herausforderung. Wir mussten uns mit neuer Software beschäftigen, die es uns ermöglichte, mit unseren Studenten in Kontakt zu bleiben. Wir bereiteten Podcasts vor und boten diese digitalen Vorlesungen regelmäßig auf unseren Servern an. Seminare fanden dank Zoom und ähnlicher Software digital statt. Selbst Konferenzen, Promotions- und Masterprüfungen, aber auch internationale und nationale Besprechungen wurden nun problemlos digital durchgeführt. Was keiner vor der Corona-Pandemie je gedacht hätte, wurde in diesen speziellen Zeiten Realität. Wir mutierten zu digitalen Wesen, die über digitale Kanäle Informationen austauschen und kommunizieren. Teure und CO_2-belastende Flüge oder zeitraubende Reisen mit Bahn oder Auto waren auf einmal nicht mehr nötig. Man konnte vieles von zu Hause erledigen. Das war anfangs recht spannend, ein bisschen so wie der erste Flug mit einem Flugzeug. Bei mir weckten diese ersten digitalen Kommunikationserlebnisse lebhafte Erinnerungen an mein erstes Experimentallabor, in dem ich komplexe Apparaturen aufbaute und mich riesig freute, wenn sie funktionierten und ich meine Experimente durchführen konnte.

Die anfangs charmante digitale Kommunikation mit meinen Studenten sowie Kollegen offenbarte allerdings schon bald einen schalen Beigeschmack. So elegant und raffiniert diese Kommunikation auch war, irgendwie fühlte es sich unecht an. Manchmal kam bei mir auch das Gefühl auf, dass irgendetwas fehlen würde, und zwar etwas Wichtiges, ja Notwendiges. Das, was fehlte, machte dann die Veranstaltung so manches Mal fade oder auch langweilig. Ich merkte alsbald, dass der reale Kontakt fehlte. Das war ungefähr so wie der fehlende Teelöffel Salz, durch den eine Suppe von einer faden Tunke zum Gourmetgenuss konvertieren kann.

Die Menschen wollen nicht nur zu Hause sitzen und sich mit ihrem Computer unterhalten. Sie wollen raus und suchen Kontakt. Sie wollen einfach andere Menschen sehen und sich frei bewegen. In uns steckt ein Drang, andere Menschen zu treffen, sie real zu erleben. Auch Berührungen anderer Menschen sind sehr wichtig und scheinen uns in der Corona-Zeit zu fehlen. Ganz besonders auffällig ist dies, wenn man sich in Kulturen aufhält, wo die Begrüßungsrituale sehr stark durch Körperberührungen geprägt sind. Ich habe dies in diesem Sommer in Mallorca erlebt. Dort galten strenge Regeln zum Eindämmen der Corona-Pandemie. Wir alle waren gezwungen, auf den Straßen, in den Geschäften und Restaurants Masken zu tragen. Erst wenn man am Restauranttisch Platz genommen hatte, durfte man sich seiner Maske entledigen.

Die Mallorquiner waren und sind von der Corona-Pandemie wirtschaftlich sehr stark betroffen. Deshalb sind sie enorm motiviert, diese Regeln einzuhalten. Aber in den Restaurants gelang es nicht immer. Als Beobachter hatte man gelegentlich den Eindruck, als ob sich hier ein unbezwingbarer Berührungsdrang seinen Weg bahnen müsste. Hatten sich einige Mallorquiner zum Abendessen verabredet, wurde das Eintreffen im Restaurant durch die klassischen Rituale begleitet. Masken tragend umarmte man sich und – was besonders köstlich war – man küsste sich links und rechts auf die Wangen, obwohl der Kuss durch die Masken lediglich eine groteske Andeutung blieb. Es drängte sich der Eindruck auf, dass die Mallorquiner dieses durch engen Körperkontakt geprägte Begrüßungsritual nicht unterdrücken konnten. Es lief ab wie ein motorisches Programm, das nicht zu stoppen ist. Auch mir fiel auf, dass die Begrüßungen in unseren Breiten bereits ein gewisses Maß an Inhibition durch meinen Frontalkortex erfordert. Immer wenn ich Bekannte traf, zuckte mein rechter Arm und ich wollte spontan meine Hand zum Gruß reichen. Im letzten Moment gelang mir dann in der Regel, sie mehr oder weniger elegant in die Ausgangsposition zurückzubewegen. Mittlerweile haben sich interessante, manchmal grotesk wirkende Andeutungen des Handgrußes entwickelt. Am Anfang begrüßte man sich, indem man sich mit den Ellenbogen berührte. In Zürich wird nun vermehrt der Handschlag durch gegenseitiges Berühren der Fäuste ersetzt – eigentlich eine coole Geste.

Menschen ziehen andere Menschen wie Magneten an. Wir sind nicht für lang andauernde Einsamkeit geschaffen. Das liegt einfach daran, dass wir im Zuge der Evolution zu Sozialtieren geworden sind. Der Sozialverband, die eigene Gruppe und andere Menschen sind für uns von herausragender Bedeutung. Wir benötigen andere Menschen, um zu überleben, uns fortzupflanzen, uns zu schützen und zu helfen. Aber andere Menschen sind auch unsere Feinde. Sie begehren unsere Rangordnungsposition oder sind schlichtweg neidisch. In anderen Worten: Menschen sind für uns einerseits die Quelle von Glück, Sicherheit und Freude, aber auch von Angst, Ärger und Kampf. Dieses Spannungsfeld ist allerdings erregend. Andere und vor allem fremde Menschen sind deshalb für uns interessant und attraktiv. Deshalb begeben wir uns gerne in die Gesellschaft von Menschen. Sie dürfen nur nicht zu unterschiedlich von uns sein, sondern sollten nur wenig von unserem gewohnten Menschenbild abweichen. Das erzeugt Erregung, die wir als angenehm empfinden. In der Corona-Zeit konnte man das allerorten eindrucksvoll erleben. Wurde der Lockdown gelockert, versammelten sich die Menschen wieder auf den Straßen, strömten in die Cafés und Clubs. Die Bierstraße auf Mallorca (im Volksmund „Ballermann") war gerade mal 2 Tage testweise geöffnet, schon strömten Hunderte, wenn nicht gar Tausende von Menschen dorthin, um sich in den Bars unter freiem Himmel zu vergnügen. Dass dabei ein enger Kontakt mit Gleichgesinnten entstand, ist logisch. Ähnliches ereignete sich auch bei uns in Zürich. Ich wohne direkt am See. Bei schönem Wetter strömten Menschenmassen dorthin, um auf den Wiesen zu chillen oder auch nur den See entlang zu flanieren. Tausende von Menschen versammelten sich am Seebecken, nicht nur, um das schöne Wetter zu genießen, sondern auch um die Gemeinschaft mit anderen Menschen zu erfahren.

Wir sind immer noch der Homo sapiens, der durch die Welt streift und sich mit großem Interesse seinen Artgenossen zuwendet. Wir sind und bleiben Tiere, die sich im Zuge der Evolution speziell entwickelt haben. Aber tief in uns drin schlummert das Verhaltensinventar, das uns oft zu merkwürdigen Verhaltensweisen antreibt.

Sachwortverzeichnis

A

Abstumpfung 44, 48, 92
Abwehrkräfte 14
Affenarten, Verhaltensweisen 25
Affengehirn 26
Alarm- und Verteidigungsreaktionen 32
Algorithmen 151, 152
- Denkalgorithmen 32
- Entscheidungsalgorithmen/-strategien (Heuristiken) 109, 119, 126
- mathematische 117
Alkoholsucht 14
Alltagsverhalten 26
Amygdala (Mandelkern) 27
Angstauslösende Reize, Gewöhnung 44
Angsterleben, reduziertes 44
Anpassungen 31
Apple II (Computer) 36
Apps 108
- Aufgabenbereiche 95
- Entwicklung 91
- Sprachübersetzungen 122
ARPANET (Netzwerkverbindung) 36
Aufgabenbewältigungen 43
Aufmerksamkeit 148
- Lenkung/Steuerung 101
- Multitasking 104
- Training 140, 148
Aufmerksamkeits-Hyperaktivitäts-Syndrom (AHS) 63
Australopithecinen 21
Avatare 39, 88, 120, 130
Aversionsverhalten 71, 76

B

Bedrohungsgefühl, erhöhtes, Mediengewalt 90
Bedürfnisse 56
- Befriedigung durch Roboter 124
- biologische 120
- gehemmte 39
- narzisstische 90
- Regelanpassung 138
Begrüßungsrituale 158
Belohnungssystem, Gehirn 51, 55
Bewusstsein, kollektives 93
Bildbearbeitung 147
Bindung 72, 133, 148
- Aufbau/Erhalt 131, 133
- Gruppenmitglieder 81
- Motiv, Reifungsverlauf 72
- Synchronisation, globale 134
Biologie, moderne 25
Biologische Impulse 138
Biologisches Erbe 15, 129
Biologische Wurzeln 27
Bolletons (Massenbesäufnisse) 114
Bots (Computerprogramme) 106
- Meinungsbeeinflussung 116
Bottom-up-System 27, 28, 39, 137
Bronzezeit 35
Brutkastenlüge 152

C

Cambridge Analytics 109
- Brexit-Entscheidung 108

- Internet-Datensammlung 108
- Wahlkampfbeeinflussung 117

Computerprogramme (Bots) 106
Corona-Pandemie 157
Craving, Sucht-/Zwangserkrankungen 123

D

Datenüberangebot 115
DeepL 19
Defensivreaktionen 47
Denkalgorithmen 32
Denken, neurophysiologische Aktivierungen 154
Desensibilisierung 44, 48
Dialekte 28, 40, 134
Digitale Anwendungen Mitte des 20. Jahrhunderts 36
Digitale Evolution 155
Digitale Falle, Ausweg 137
Digitale Revolution 126, 155
Digitale Süchte 123
Digitale Technik
- Entwicklung 13
- Möglichkeiten 19

Digitale Welt
- Auszeit (digital detox) 148
- Probleme, Meisterung 137
- Umgangstipps 143
- Verlockungen 13
- Zukunft 151

Digitalrechner, programmierbarer 36
Dissonanzlösung, kognitive 113
Dopamin 52

E

E-Books 19
Echte (oder analoge) Welt 120
Egoismus 92, 134
Einfühlungsvermögen, Wandel 82
Eisenzeit 36
E-Mails 18, 39, 111, 148
- Kettenbriefe 114
- Kommunikation 134

Emoticons 134
Emotionale Impulse/Reize 27, 28, 44, 48, 103, 137, 138
- Gewöhnung 47

Emotionen 56, 64, 130, 138
- angenehme 82
- Belastung, persönliche 83
- eigene, Wahrnehmung, Empathie 80
- Erregungen 76
- Gewöhnungsprozesse 47
- Gummibandtheorie 69, 76
- Kontrolle 59, 61, 62, 63
- somatische Marker 61
- unangenehme 27, 82
- Verhaltenskontrolle 60

Emotionsgedächtnis 64
Emotionsgehirn 62
Emotionskontrolle 60
- Vulkanier 62, 139

Empathie 79, 90, 123, 127, 129, 149
- Definition 80, 91
- gruppenbildende Funktion 91
- Gruppenmitglieder 81
- Internet 88
- Konsequenzen 81
- Reaktionen 82
- Rückgang 84, 87, 90

Empfindungen, Redewendungen 44
Entscheidungen
- Algorithmen/Strategien (Heuristiken) 109, 119, 126
- demokratische 118
- fraktionierte 118
- Intuition 60
- rationale 109
- Schablonen, individuelle 119
- Verhalten 126

Erfahrungen
- analoge 148
- digitale, negative 121
- emotionale 44
- individuelle 73, 96, 126
- Mediengewalt 90

Erotische Reize 47
Erregung 67, 70, 76

- Emotionen 76
- Motiv, Reifungsverlauf 72
- Sicherheitsbedürfnis 73
- zu starke 71

Ethik 139
Euphoriegefühl 69, 76
- russisches Roulette 70

Evolution 81, 87
- Anforderungen 115
- digitale 155
- Geschichte 130
- kulturelle 140

F

Facebook 39, 74, 85, 86, 109, 151
- Botschaften 51, 111
- Likes 117
- Nutzer, Persönlichkeitsprofil 117

Facetime 18, 74
Face-to-Face-Kontakte 88
Falschinformationen 146
Fantasiefähigkeit 83
Fehlinformationen 130, 152
Flashmobs 15, 114, 116
Flashrobs 115, 116
Freizeitaktivitäten, Langeweile, Überwindung 68

G

Gebrauchszwang 63
Gedächtnis
- bewusstes 145
- Emotionsgedächtnis 64
- Episoden 144
- Informationen, Speicherung 144
- Langzeitgedächtnis 145
- räumliche Zusammenhänge, Konstruktion 122
- unbewusstes 31, 43, 48

Gefühle 55, 138
- somatische Marker 61

Gefühlsjunkie 47
Gehirn
- Alltagssituationen, Gewöhnung 48
- Anforderungen, neue 38
- Anpassungsfähigkeit 132
- Aufgaben/Ziele 147
- aufmerksamkeitsabhängige Aktivierung 101
- Belohnungssystem 51, 55
- emotionale Reize 44, 48
- erotische Reize 46
- Gedächtnisepisoden 144
- Informationsverarbeitung 101, 144
- künstliches 154
- Lustsystem 55
- Lustzentrum 57
- Menschenaffen 26
- motorische Kontrollzentren 145
- Nervenzellen 21
- neuronale Netzwerke 102
- neurophysiologische Aktivierungen 154
- plastisches 31
- Sicherheitssystem 73
- Sprachfunktionsareale 145
- Stimulation, Lustempfindungen 55

Geistige Leistungen 26
Gemengelage, politische 118
Generation-Me-Gesellschaft 92
Genetisches Material 131
Gene, Verhaltensgrundmuster 26
Gestik 89, 120, 133, 149
Gewaltdarstellungen 46
Gewöhnung
- Alltagssituationen 48
- angstauslösende Reize 44
- emotionale Prozesse 47
- Internetwelt 74
- Lebensumstände 45, 48, 73

Global Digital Report 17
Globale Synchronisation 134
GLONASS 36
Google 109
- Nutzung 87
- Übersetzer 19

Gratifikationsaufschub 62
Gruppenfremde 33
Gruppenhomogenisierung 147
Gruppenmitglieder 31

- Beeinflussung 147
- Bindung 81
- Empathie 81, 92
- Kommunikation 25, 33
- Meinungsbeeinflussung 110
- Zusammengehörigkeit 33

Gruppenwillen 134
Gummibandtheorie, Emotionen 69, 76

H

Handy 86
Heavy-Media-Multitasker 97
Heimatfront 74
Heimcomputer, programmierbarer 36
Heuristiken (Entscheidungsalgorithmen/-strategien) 109, 119, 126
Homeoffice 157
Hominiden 21, 25, 125
- Verhaltensweisen 26

Homo erectus 21
Homo habilis 21
Homo sapiens 21, 24, 30, 33, 131
Hubots (Human Robots) 124
Human Brain Project 125

I

Impulse 138
- biologische 22, 138
- emotionale 27, 44, 103, 137, 138

Impulskontrolle 59
Impulskontrollsystem 59, 62, 64, 95
- Stirnhirn 103, 104

Impulssystem 27
- absteigendes 28
- aufsteigendes 27, 28, 62, 63, 64, 138
- emotionale Erregungen 28

Individualitätsverlust 14
Informationen 106
- Anbieter 146
- Aufnahme, konzentrierte 144
- ausblenden 110
- Ausbreitung 110, 116
- Austausch 7
- Auswahl 110
- Daten 115
- Denkschemata 119
- Durchdringungstiefe 100, 145
- emotionale 152
- falsche 108, 113, 146
- korrekte 119
- Lernen 145
- Multiplikationen 116
- Multiplikationsmöglichkeit 116
- negative 107, 111
- positive 107
- reale/gestellte 75
- Revolution 115
- überflutende 99, 100, 110, 116, 126, 140
- unnütze 120
- Verarbeitung 98, 101, 116, 144
- verfügbare 151
- Vervielfältigungsmöglichkeit 114
- World Wide Web 39
- zur Verfügung stehende 130
- zu viele 118

Informationslust 56
Informationstheorie 110
Instagram 39, 74, 109, 121, 151
Instinkte 27
Intellektuelle Fähigkeiten 131
Intelligenz 30
- Homo sapiens 30
- körperliche Begrenzungen, Überwindung 29
- künstliche 154
- Nutzung 32

Interaktionen
- soziale, Spieltheorie 132
- Verhaltensinventar 120

Interkontinentalgespräche 18
Internet 17
- Anziehungskräfte/Reize 143
- Beeinflussungsfolgen 130
- Datensammlung, Cambridge Analytics 108
- Erwähnung, schriftliche 36
- Gewöhnung 74
- Hin- und Herspringen, schnelles 144
- Informationen, reale/gestellte 75

- Inhalte, konsumierte 39
- Interessensausprägung 18
- Kampagnen 109, 147
- Kanäle 39
- Konzentration auf das Wesentliche 144
- Lustgewinn 51
- Nutzung 17, 86
- Präsentationen, verfälschte 147
- technische Errungenschaften 13
- Verlockungen 13

Internetkommunikation 111
iPad/iPhone 37

J

JAMES-Studie, Schweiz 87

K

Kaukasia (virtuelle Welt) 12
Kognition 97
- Medien-Multitasking 98

Kognitive Dissonanzlösung 113
Kommunikation 17
- digitale 39, 158
- Emotionsapparat 88
- Face-to-Face-Kontakte 88
- Fähigkeiten 25
- Gruppenmitglieder 25, 33
- iPhone/iPad 38
- nonverbale 39, 81, 89
- punktgenaue/schnelle 113
- schriftlich-verbale 88
- soziale, Täuschungen 87
- verbale 89, 134, 148
- Verhalten 121
- verkümmerte 89, 90
- Wandel 20
- Werkzeuge, neue 39
- Zombies 89
- zwischenmenschliche 40

Konkurrenz 133
Kooperation 133, 134
Kopfhörer 38
Körperberührungen 158
Körperhaltung, emotionale Erregung 60
Kriegsberichterstattungen 74
Kulturelle Lebenssituation 132
Kulturen 31
- aggressive Auseinandersetzungen 32
- Bewertungsmaßstäbe/Regeln 31
- Errungenschaften 32
- erste, Schriftsprachen 35
- Hinterfragung 32

Künstliche Intelligenz 154

L

Landmarkenorientierung 122
Langeweile 67, 70, 76, 140
- Erregung, fehlende 70
- Überwindung, Freizeitaktivitäten 68

Langzeitgedächtnis 145
Lebensformen 130
Lebensumfeld 132
Lebensumstände 45, 48, 73
Lernverhalten 61
Light-Media-Multitasker 97
Look-at-Me-Gesellschaft 92
Lust 49
- Empfindungen 55
- Reize, auslösende 56

Lustgewinn 51, 52
- Internet 51

Lustzentrum 27, 51, 55, 154
- Aktivierung bei Ratten 51
- Dopamin 52
- Gehirn 49, 55, 57
- neurophysiologische Erregungen 57
- Selbststimulationsapparatur von Olds und Milner 51

M

Mandelkern (Amygdala) 27
Massenbesäufnisse (sogenannte Bolletons) 114
Massenphänomene, Shitstorms 146
Media-/Medien-Multitasking 96, 97, 98, 104

- Aufmerksamkeitslenkung/-steuerung 103
- Einflüsse, ungünstige 99

Media-Multitasking-Index (MMI) 97
Medien
- Inhalte 90
- Meldungen, reißerische 146
- Nutzung 20

Mediengewalt, Bedrohungsgefühl, erhöhtes 90
Medienkonsum 86, 91
- Jugendliche 96

Meinungsbeeinflussung 14
- Bots 116
- Gruppenmitglieder 110
- öffentliche 109
- Online-Dienste 109
- politische 116

Meinungsbildung, Urteile, politische/religiöse 147
Meinungsmanipulation 108
Mensch(en)
- als Gewohnheitstier 43
- Gesellschaft 159

Menschenaffen 25
Mesolimbisches System 51
Mimik 89, 120, 133, 149
- emotionale Erregung 60

Missverständnisse 130
Mitgefühl/Mitleid 80, 123, 127, 149
- Definition 91
- Konsequenzen 81
- Rückgang 84, 85, 87, 91

Mobbing 85, 88, 90, 111
Motivationskontrolle 60, 63
Multimedia-Nutzung, Stanford-Studenten 97
Multitasking
- Aufmerksamkeit 104
- Geschlechtsunterschied 94
- Probleme 95

N

Nachrichten, Verbreitung 108
Nahrungsaufnahme 45
Narzissmus 84, 92
Navigations-Apps 122
Navigationssatellitensystem, globales (GLONASS) 36
Neokortex 62, 137
Netzwerkverbindungen 63
- ARPANET 36

Neuromarketing 57
Neuronale Netzwerke 21
- Entscheidungsschablonen, individuelle 119
- Stirnhirn 63

Neuronale Verstärkung 101
Neurowissenschaft 129
Newsgroups 114
Nucleus accumbens 27, 51

O

Online-Communities 114
Online-Dienste 11
- Meinungsbeeinflussung 109

Online-Freunde 90, 114
Online-Profile, soziale 85
Online-Übersetzungstools 122

P

Palm VII (Computer) 36
Personal Computer 36
Persönlichkeitsprofil
- Facebook-Nutzer 117
- Internet-Daten 108

Perspektivenübernahme 83
Plattformen, soziale 121, 123
Portale, Nutzung 87
Posttraumatisches Stresssymptom (PTSD) 44
Primaten 25
- Erregungsniveau 70
- Verhaltensweisen 26

Q

Quantifizierung, doppelte 48
- Verhaltensbiologie 45

R

Rattenversuche
- Lustzentrum im Gehirn 49
- Skinnerbox 50
Reale (analoge) Welt 121, 134, 148
Realität, virtuelle 153
Redewendungen, Empfindungen 44
Reflexives System, absteigendes 28
Regel- und Bewertungssysteme 31
Relax-Sessel 11, 137
Roboter 124, 155

S

Schreiben
- Buchstabenformen 145
- Computertastatur/Stift 145
Schriftsprache 29, 40
- Entwicklung 36
- Kulturen, erste/Verbreitung 35
Selbstdarstellungen 90
- Misstrauen 147
Selbstdisziplin 64, 140, 148, 155
- Training 140, 148
Selbst, Fokussierung, wachsende 84
Selbstkontrolle 140
Selbstreflexion 53
Sensibilisierung 44
Shitstorms 90, 111, 146
- soziale Normen, Überschreitung 112
Sicherheitsbedürfnis 73, 77
Skinnerbox 50, 52
Skype 18, 74
Smartmobs 115, 116
Smartphones 17, 37, 39
SMS 18
Snapchat 74
Soziale Angliederung 14
Soziale Interaktionen, Spieltheorie 132
Soziale Medien 119
- Angebote 95
- Entwicklung, explosionsartige 85
- Nutzer 17
- Nutzung 151
Soziale Netzwerke 85, 87
Soziale Plattformen 121, 123
Soziales Korrektiv 138
Sozialkontakte 148
Sozialverhalten 25, 121
- aktuelles 83
- altruistisches 82
Spieltheorie, soziale Interaktionen 132
Spotlight-in-the-brain-metaphor, Aufmerksamkeitslenkung/-steuerung 101
Sprache
- Entwicklung 29
- grammatikalisch fehlerhafte 40
Sprachfunktionsareale, Gehirn 145
Standard-Multitasking-Aufgaben 104
Star-Trek-Serie 59
Steinzeit 35, 40
Steinzeitmenschen, Lebensdauer 23
Stereotype 93
Stirnhirn 28, 62, 155
- Bottom-up-Impulse/Top-down-Kontrolle 64
- Entwicklung/Reifung 62
- Impulskontrollsystem 103, 104
- Nervenzellnetzwerke 63
- Volumen 137
Streaming-Dienste 95
Substantia nigra (schwarze Substanz) 51
Süchte
- digitale 123
- Formen 127
Synapsen 154
Synchronisation, globale 134

T

Tablets 17, 38
Taschenlampenmetapher, Aufmerksamkeitslenkung/-steuerung 101
Täuschungen, Kommunikation, soziale 87
Theorie des genetischen Flaschenhalses 22
Theory of mind 133
Toba-Katastrophentheorie 22
Top-down-System 28, 39, 137
Triebe 45, 138

Tunnelblick 107
Twitter 74, 85

U
Überbevölkerung 130
Übererregungen 71
Überleben 132
Übersetzungsprogramme, digitale 19
Unlust 49, 55
Unterhaltungsangebote 153
Unternehmungslust 70, 71, 76

V
Vergessens- oder Minimierungsphänomene 107
Verhalten
- Affenarten 25
- Bewertung/Kategorisierung, Punktesystem 152
- evolutionsbedingtes 25
- Möglichkeiten 30
- Triebfedern 131

Verhaltensantriebe 27, 31, 33, 131
- biologische 32, 152
- genetisch verankerte 155
- Kontrolle 138
- übergeordnete 134
- uralte 138

Verhaltensbiologie, Quantifizierung, doppelte 45, 48
Verhaltensinventar 30
- Interaktionen 120
- Lustempfindungen 55

Verhaltenskontrolle 14, 64, 140
- Emotionen/Motivationen 60

Verhaltensmuster 14, 27, 33
- Gene 26
- Hirnstrukturen, alte 27
- Homo sapiens 33

Verhaltensprogramme
- emotionale 137
- Synchronisation, globale 134

Vermeidungsverhalten (Aversionsverhalten) 71, 76
Verteidigungsmaßnahmen, Installation 30
Vertrauen 148
- Aufbau/Erhalt 131, 133

Vertrautheit 73
Vietnamkrieg 74
Virtuelle (digitale) Welt 12, 119, 121
Virtuelle Realität 67, 153
Vogelperspektivenorientierung 122
Vorlesungen, digitale 157
Vor- und Urmenschen, biologischer Fingerabdruck 22
Vorurteile 93
Vulkanier 59, 139
- Emotionskontrolle 62, 139

W
Waffentechniken 30
Wahlkampfbeeinflussung 117
Wanderbewegungen 23
Weblogs 114
Weltbevölkerung, Entwicklung/Wachstum 23
WhatsApp 18, 39, 74, 109, 151
- Botschaften 120
- Kommunikation 134
- Nachrichten 96, 111, 148

Wikipedia 18
Wissen, Aneigung/Macht 149
World Wide Web
- Informationen 39
- Usenet-Posting 36

Y
YouTube 18, 74, 85

Z
Zeitungen
- lesen 37
- Leseverhalten, Veränderungen 19

Zukunftsprobleme 130
Zukunftsvisionen 15, 125